HR从入门到精通系列

人力资源管理数字化转型

HR 用数据分析破局

秋 云 ————著

中国法制出版社
CHINA LEGAL PUBLISHING HOUSE

自　序

您好呀，感恩遇见。

我是一位资深HR，同时是优势教练。

我相信作为一位管理者，您已经不止一次阅读管理类书籍了。

也许此刻您心中有一些疑问，这本书究竟能给我带来什么样的价值呢？它是否仅仅是一堆空洞无用的理论知识，还是真正能分享一些能够直接应用于实际工作并取得成果的方法呢？

我完全理解您的疑虑，因为我自己读书的时候也有同样的期待。

毕竟，我们阅读此类书籍的目的并不在于学习一堆无法落地的概念，而是希望能够解决自己实际面临的问题。因此，在这本书中，从认知、知识、工具到方法，我将逐步引导您实践，并取得实质性的成果。

本书的自序就像是一份使用说明书，它将帮助您更好地了解我和这本书。

写书的初衷

写下这本书的初衷是因为我希望为提升HR在创造价值方面做出一些力所能及的事情。我想把自己的所学所感所悟分享给更多需要的人，助力中小企业的人力资源管理。如果能给您带来多多少少的一些启发，解决一些问题，我也会很高兴。

我看到，"很多成为管理者的管理者，不一定都会管理"。在职场中，很多管理者对自己从事的领域经验丰富、技艺精湛，然而他们对人力资源的认知并不一定同样深刻。有些人认为，HR仅仅是负责招聘、解聘员工，有些则将HR视为天天坐在办公室打电话的客服。我觉得这非常可惜，HR的潜力远远不止于此。

当然，我们也看到许多初创公司没有人力资源部门，生意依然照常进行；许多管理者并没有特别深入学习人力资源管理，仍然能够进行有效的管理。或许"没有经过培训的父母仍然能够培养出天才孩子"。凡事并不是非黑即白，也许还有更好的解决方法。我仍然坚信，人力资源管理是值得每个有机会成为管理者的人多一些了解的领域。

人力资源管理被一些人错误地认为是一个门槛不高、任何人都可以参与的事情，而这就意味着我们HR需要超预期地来展现自身的价值。所以，我希望通过这本书帮助HR提升自我价值，让人力资源部门的价值从"看不见"到"被看见"。

通过本书，我希望能够给读者带来的价值如下：

（1）了解人力资源管理的重要性和潜力，认识到自己在管理中的作用和责任。

（2）学习如何通过数据分析来提升人力资源管理工作，从数据中挖掘更多的价值，真正为组织的决策提供支持。

（3）拓展专业知识和技能，提升自己的竞争力，并能在职场中取得更好的成果。

（4）转变思维方式，从被动参与者转变为主动参与者，深入了解业务和管理者的需求，并能够提供更好的支持和服务。

（5）适应数字时代的变化，学习新技术和工具，拥抱数字化转型趋势，提高自己在人力资源管理中的能力和竞争力。

无论您是HR新手，还是资深HR，或者是非人力资源领域的管理者、创业者，我相信这本书都能助力您的管理工作。希望您能够享受阅读这本书的过程，并能将其中的知识和方法应用到实际工作中，取得更好的成果。

如何阅读这本书

第1—2章：数据分析是一种可迁移的思维。概述人力资源数字化转型的趋势已来，HR培养自己具备数据分析的思维和能力是为拥抱变化做储备，提升竞争力，赢在未来。

第3—5章：战术拆解。人力资源数据分析的常用的分析思路、EXCEL图表函数等工具，让数据分析这件事有方法可循。

第6—9章：落地实践。HR如何用数据分析思维提升人力资源管理工作。海量数据从杂乱无章，经过分析处理、诊断，最终形成了管理者可用来做决策、指导工作的、有参考价值的解决方案。HR从数据中能挖掘多少价值，就能创造多少价值。

第10章：数据可视化是"最后一公里"，它的目标是为了降低受众的理解成本，而不是增加理解成本。

在写作这本书的过程中，我特别关注实用性和可操作性。把知识经验融合到书中的案例分析、实践提醒、工具和方法等内容中，并提供了详细的步骤和指导，以帮助读者将这些概念和理论运用到实际工作中。

希望这本书能给到读者关于人力资源管理的认知、知识、技能的启发。

我会持续关注外部环境的变化和科技的进步，确保书中的内容与时俱进。我也非常欢迎读者们的批评和指正，这将是我改进和完善本书的重要依据。

如果您有任何问题或需要更多的指导，都请随时与我联系。我希望这本书能够给您带来实际的帮助和获得感。祝愿您越来越好！

秋云

目 录

第1章　趋势已来，人力资源用数据分析赋能　001

1.1　人力资源数字化转型是共识　002

1.2　HR学会用数据分析会更有优势　005

1.3　有价值的数据分析这样做　011

1.4　数据分析是无处不在的跨界思维　014

本章小结　017

第2章　顺应人力资源数字化转型的专业素养　019

2.1　推动企业数字化基建　020

2.2　利用数据做决策　024

2.3　挖掘HR的业务价值　027

2.4　持续创新，洞见未来　029

2.5　做公司的咨询顾问　032

本章小结　036

第3章　数字化趋势推动HR用数据创造更多价值　　037

3.1　战略思维：比盲从更重要的是清楚为什么要做　　038

3.2　结果思维：像老板一样关注企业的经营结果　　041

3.3　专业思维：数据分析让HR的工作"会说话"　　044

3.4　预算思维：不做预算的企业没有未来　　051

本章小结　　055

第4章　人力资源数据分析的思路　　057

4.1　对比分析　　058

4.2　分组分析　　063

4.3　比例分析　　064

4.4　平均数分析　　066

4.5　属性分析　　068

4.6　排位分析　　069

4.7　指标分析　　071

4.8　预测分析　　072

本章小结　　074

第5章　人力资源数据分析的处理工具　　075

5.1　Excel数据分析图表　　077
5.2　Excel数据分析函数　　091
5.3　Excel数据透视表与切片器　　093
5.4　甘特图　　096
5.5　其他专业工具　　098
本章小结　　099

第6章　完成人力资源数据分析的步骤　　101

6.1　明确数据分析的需求　　102
6.2　选择关键数据指标　　105
6.3　建立方便分析的数据表　　107
6.4　完成数据分析与处理　　110
6.5　初步诊断，识别问题和风险　　114
6.6　精细化诊断，提出解决方案　　118
6.7　对数据分析的结果进行可视化展示　　122
本章小结　　126

第7章　HR在数字化转型中用数据驱动薪酬管理　127

7.1　老板给多少薪酬才能使得员工满意　128

7.2　薪酬数据分析在分析什么　135

7.3　数据分析在薪酬管理中的应用与案例分析　140

本章小结　151

第8章　HR在数字化转型中用数据驱动绩效管理　153

8.1　业务部门对绩效管理的误会有多深　154

8.2　绩效数据分析在分析什么　157

8.3　数据分析在绩效管理中的应用与案例分析　164

本章小结　173

第9章　HR在数字化转型中用数据驱动招聘管理　175

9.1　要是没有这些琐事，招聘的痛点会在哪儿　176

9.2　不同层级管理者爱看的招聘数据复盘　179

9.3　数据分析在招聘管理中的应用与案例分析　183

本章小结　192

第10章 数据可视化，让HR的分析更有视觉冲击力   193

   10.1 数据可视化表达的四个误区   194
   10.2 从用户视角思考需求   200
   10.3 从产品视角提升价值   203
   10.4 从经营视角剖析管理   206
   本章小结   211

后记   213

HR
DIGITAL
TRANSFORMATION

第1章

趋势已来,人力资源用数据分析赋能

1.1 人力资源数字化转型是共识

随着信息技术的迅速发展，全球各行业都在掀起数字化转型的浪潮，同时在积极应对数字化转型的挑战。

随着人工智能等新兴技术的不断创新和应用，不只在人力资源行业，"数字化"也将是各个领域未来发展方向上的高频词。

数字化转型不仅是一个过程，也是一个结果。在可以预见的未来，我们的工作和生活方式将更加自动化、智能化，流程将更加敏捷、协作将更加高效。这种趋势的兴起意味着组织需要更加灵活、敏捷，以应对快速变化的市场环境。

人力资源数字化转型作为其中的一部分，已经成为不可忽视的趋势。人力资源作为一个组织中关键的支持部门，关乎企业的成长和发展，在企业数字化转型中扮演着重要的角色。如何运用新技术进行数字化转型、持续创新、重塑人力资源价值，而不成为被动的参与者，是HR深思的课题。

数字化已融入人力资源管理，并助力管理者观察、分析、预判、干预、优化所有的人力资源工作。

> 数字化转型对于HR职能来说是一次重大转变。它利用数据来指导HR工作流程和标准，包括人岗匹配、薪酬核算、工作评价、学习和发展等方面。数字化转型旨在通过采集、分析和应用数据来优化HR的决策和操作，从而提升组织的工作效率和员工的工作体验。数字化转型带来的好处还包括数据驱动的决策和更高效的信息共享，使HR更具战略性和愿景性，能够更好地应对业务挑战和变革。

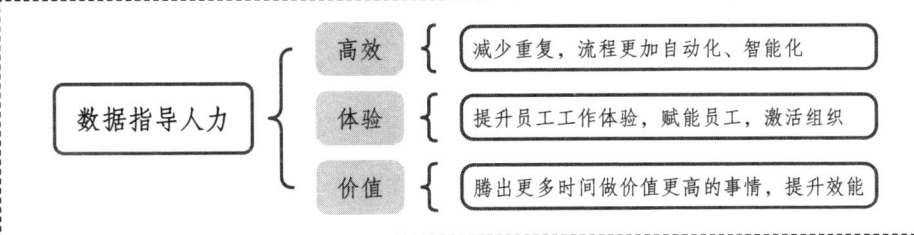

图1-1　数据指导人力

拥抱人力资源数字化转型的趋势

人力资源数字化转型对传统人力资源管理产生了深远的影响。它打破了传统的时间和空间限制，使得人力资源管理可以更加高效、灵活地进行。原来需要大量人工完成的工作，现在也许只需要一个智能助手就可以完成，而且效率会更高、成本会更低。

通过数字化工具和平台，人力资源部门可以更好地管理人才招聘、培训、绩效评估等工作。

- 许多组织正在采用数字化招聘系统来提高招聘效率和选择合适的人才

> 公司A采用了数字化招聘平台，成功地提高了招聘效率和准确性。
> **人岗匹配更精准**
> 能对求职者的专业、技能水平、素质、性格等进行多维度画像，用更智能的方式匹配企业要求，大大缩减招聘时间，匹配也更精准。

- 数字化培训平台的出现则使得员工能够更方便地学习和提升能力

> 公司B引入了在线培训平台，员工可以在任何时间、任何地点进行学习。
> **信息交互更智慧**
> 能根据员工的爱好、行为数据，量身定制学习和成长计划，自动推送课程，助力员工职业发展。

- 数字化绩效管理系统可以提高绩效评估的公平性和准确性

人力资源组织内部越来越需要数字化的人才，赋能整个组织的效率提升和创新工作。

在科技进步的同时，人力资源传统的事务性工作也会逐渐被自动化，被释放的HR就可以把时间和精力投入提供价值更高的人力资源管理工作中来。

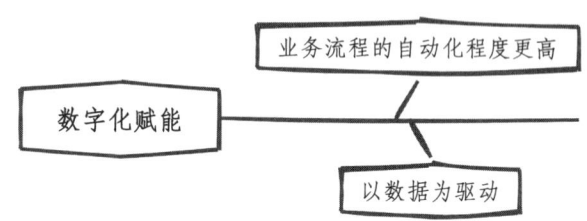

图1-2　数字化赋能人力资源管理

在数字化转型中，人力资源部门需要转变为人力资本管理的角色。这意味着要将员工视为组织中重要的资本，通过数字化工具和平台来更好地管理员工的发展和绩效。

强调数据驱动的决策

数字化转型带来了大量的数据，而人力资源部门需要善于利用这些数据来做出更精准的决策。例如，通过数据分析，可以识别出优秀的招聘渠道、高绩效员工的特征等，从而有针对性地进行招聘和绩效管理。

技术和工具的应用

选择合适的技术和工具是人力资源数字化转型的关键一步。例如，可以采用人力资源管理系统、数字化招聘平台、在线培训平台等。这些工具可以帮助人力资源部门更高效地开展工作，并提升员工和组织的整体体验感。

数字化转型为企业带来了众多机遇和挑战，同时对HR部门提出了更高的要求。

作为HR从业者，我们需要保持警觉，时刻关注市场的动态，为转型做好充分准备。我们需要转变思维模式，放眼未来，与时俱进，不断学习和更新知识，以适应快速变化的数字化环境。同时，我们要敢于拥抱变革，勇于创新，积极参与数字化转型，为企业提供有力的支持和推动。只有不断与行业的发展保持同步，才能在数字化时代实现HR的可持续发展。

1.2 HR学会用数据分析会更有优势

（1）没有分析，数据便失去了灵动性

随着数字化时代的到来，数据成为企业决策和运营的重要依据，数字化技术与人力资源管理的融合度越来越高，数据的使用和分析也越发重要。数据分析也逐渐成为HR领域的利器。

公司在经营过程中会产生大量数据，如团队、资本、经营目标的实现等情况。对这些历史数据进行处理后会发现以下问题：

①今年营销部的团队规模扩大了，销售额提升了，但是人均销售额与去年相比反而下降了。

②这半年，营销人员的差旅费同比增长了50%，而销售额却同比下降了50%。

③第一季度，某部门的新人留存率是30%，和去年相比下降很多。

有了分析，数据便有了灵魂。从数据中寻找规律，让分析的结果指导实际工作的方向，正是其意义所在。

"前5个月的销售收入是1000万元，同比上涨了5.2%"

主要原因是：

①市场的销售价格回暖；

②促销活动带动了销量；

③政策对产业的扶持。

> **"销售收入单月下降了25%，行业面临更多销售考验"**
>
> 主要原因是：
> ①缺少创新、竞品增多，市场上的产品同质化严重；
> ②原来的传统销售渠道过窄，生存空间被压缩；
> ③销售人员的离职率过高。

依靠数据既可以总结过去，也可以呈现现在，还可以洞察未来。传统的主观决策方式在一定程度上容易受到主观偏见和个人经验的影响，而数据分析可以提供更客观、更准确的决策依据。通过运用大数据和数据分析技术，HR可以基于事实和趋势来作出决策和预测，减少不确定性带来的风险，提高决策的准确性和可靠性。

基于数据，HR可以分析问题背后的原因，然后思考如何解决，进而调整工作策略。没有分析，数据便失去了灵动性。

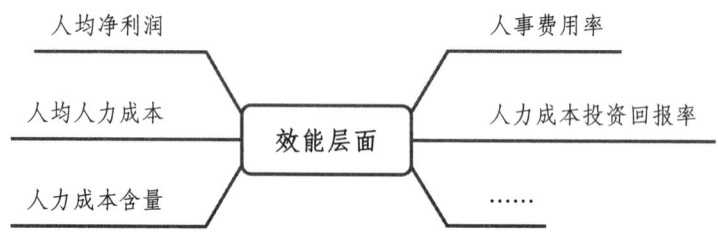

图1-3 人力资源管理数据分析

（2）你知道吗？数据分析已渗透至日常生活

在大数据时代，各种形式的数据如数字、文字、图像、音频、视频等都成为宝贵的资源，它们呈现出海量的积累和不断增长的趋势。科技创新对信息的预测分析起到了重要的推动作用，使得信息定制化得以快速发展。我们所接收到的各种报告，如趋势报告、行业报告、分析报告、市场报告等，可能来自统计局、专业调研机构以及某个平台中心的大数据分析结果。

而我们所感受到的智能浏览内容推荐，为什么恰好符合个人的喜好、习惯和行为呢？这背后也是基于统计和大数据的分析。

当数据被整合、分析，人们就会从中发现规律，并且可以从中创造出新的价值。数据分析和挖掘将帮助我们发现数据中隐藏的信息和趋势，从而做出更准确、更有针对性的决策。

数据分析的价值体现

数据分析是大数据时代的重要工具和方法，有着巨大的潜力和价值。数据分析可以帮助我们更好地了解过去的情况、认识现状以及预测未来。比如，通过对历史数据的分析，我们可以发现事物发展的规律和趋势，进一步做出合理的判断和预测。从数据中发现商机、挖掘用户需求、优化运营等，都是数据分析所带来的实际价值。

然而，数据分析并非一蹴而就的，需要专业的技术和人才来进行数据的收集、整理和分析，才能得出可靠的结果。同时，数据的隐私和安全也是需要重视的问题，确保数据的使用符合道德和法律的要求。因此，当我们在进行数据分析时，不仅要注重技术和方法的精确性和可靠性，还要注重数据的合规性。

（3）数据分析是手段，解决问题是目的

当我们用知识、经验、工具、方法做数据分析的时候，要带着目的去分析，不是为了分析而分析。这个目的可以是来自客户的需求，如为了解决某个复杂的问题：

"销售额下降了，究竟是什么原因？"

"这次的福利要怎么发放才不会被员工吐槽？"

不是所有待解决的问题都是显而易见的、客户明确的，也存在潜在的问题，客户还不确定的。

"我的公司为什么一直都在招聘？"

"为什么员工不愿意承担更多的责任？"

"下一步，公司的盈利点在哪里？"

"公司如何保持高速增长？"

一位优秀的分析师就像一位权威的顾问，也像一位专业的医生，能够透过现象看到本质，帮助客户诊断问题、解决问题，最好还能提前规避问题。

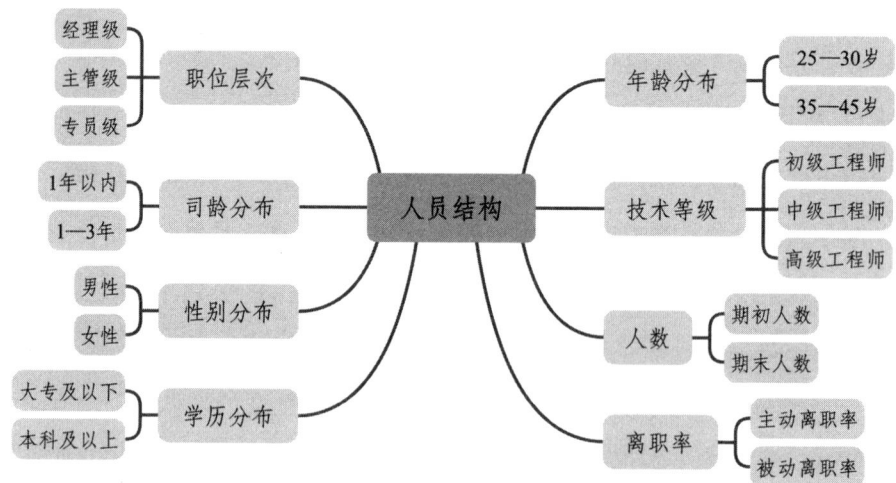

图1-4　人力资源管理数据分析

（4）挖掘人力资源的管理价值

数据分析可以帮助HR更好地实现人力资源规划和预测、人才招聘和筛选、绩效评估和激励等重要工作，并获得更精确、更客观的决策和预测结果。学会用数据分析的HR将获得更大的优势。

- 更精确的预测和决策。
- 减少个人偏见和主观因素的影响。
- 提高工作效率和资源利用率。

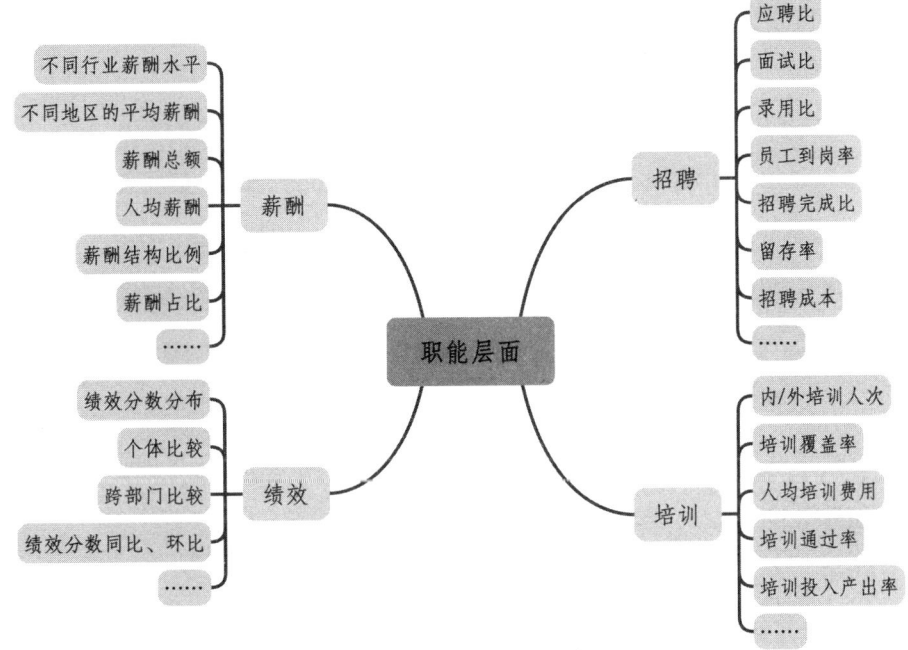

图1-5 人力资源管理数据分析

◆ 人力资源规划和预测

数据分析在人力资源规划中起到了至关重要的作用。比如，通过分析员工数据，HR可以更精确地预测未来的人力需求，合理配置人员和资源，确保企业有足够的员工支持业务发展。

◆ 人才招聘和筛选

通过运用数据分析，HR可以确定高质量的招聘渠道，并优化招聘策略。此外，基于数据和统计分析，可以更准确地评估和预测候选人的能力和潜力，提高招聘效率和降低招聘成本，支持招聘决策。

◆ 绩效评估和激励

通过数据分析，HR不仅可以识别绩效较好的员工和团队，还可以为员工提供个性化的激励方案。HR可以了解到员工的偏好和需求，从而更好地激励和留住人才。

人力资源数据分析也是"治未病"——帮助管理者未雨绸缪。

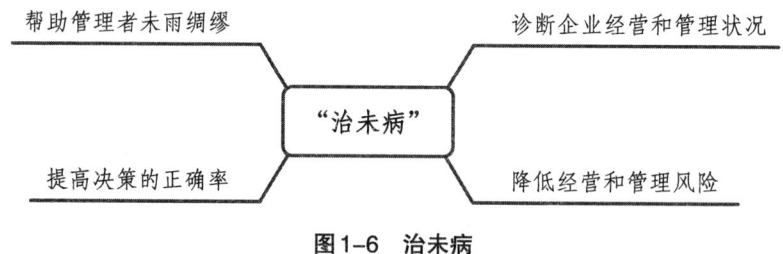

图1-6 治未病

很多HR抱怨工作不被管理者重视，甚至有HR自己也觉得人力资源工作的价值感很低。试想，我们可否主动创造一些价值，改变别人对HR工作的认知？数据分析要求HR站在人力资源顾问的角度，在人力资源各模块知识的基础之上，诊断和发现公司经营中存在的问题、风险，让HR与高层管理者沟通时做到有理有据。

（5）挖掘人力资源的业务价值

人力资源数字化转型需要与业务部门紧密结合，才能成为业务部门的战略合作伙伴。不仅业务部门需要思考公司的盈利能力和扩大销售渠道的问题，人力资源部门也需要关注投入产出的效益。

"公司今年能不能盈利？"

"公司今年能不能比去年更盈利？"

"除了盈利之外，公司今年还有哪些价值创造？"

这不是只有业务部门才需要思考的问题。

人力资源管理体系包括人力资源规划、招聘与配置、培训与开发、绩效管理、薪酬福利管理和劳动关系管理等方面，但对于人力资源管理目标达成情况的最终评价仍然是以结果为导向的，如员工劳动生产率、人均工资、人力成本投资回报率以及公司整体目标的实现情况等。

通过经营思维重新审视人力资源的工作，我们会发现人力资源的各种措施，如招聘、薪酬、激励、培训和开拓销售渠道等，都是"术"，是为了支撑战略的实施。如果我们将HR的工作看作围绕如何帮助公司实现可持续增长的经营目标，那么通过倒推结果来确定HR应该做的事情，比只关注维护公司日常秩序更具价值感，也更符合老板的期待。

借助数据分析，HR可以更准确、更个性化地提供人力资源管理服务和决策支持，以数据驱动业务的发展。

（6）数据分析并不是只有专业数据分析师才能完成

数据分析不再仅限于专业数据分析师的范畴。

数据分析是指使用适当的统计和分析方法对收集来的大量数据加以汇总、理解和消化，以最大限度地开发数据的功能和发挥数据的作用。数据分析过程需要详细研究和总结数据，以提取有用信息和得出结论。

现如今，数据分析不再仅仅是专业数据分析师的职责，它已经成为一种思维方式，让我们能够通过分析可用数据来支持工作产出。在这个过程中，我们需要运用逻辑推理、数字表达、量化分析和文字理解等多种能力。

那么，数据分析是不是很难？要求是不是很高？在日常的数据分析中，除我们特定领域的专业知识外，还需要掌握数学、逻辑和统计方面的知识。

事实上，一切看起来并不是那么难。

1.3 有价值的数据分析这样做

HR能够从数据中挖掘多少价值，就能够创造多少价值

对于HR来说，数据分析是提供有价值的决策支持的重要工具。通过以客观数据为基础，进行数据分析和解读，HR团队可以提供有价值的决策支持和战略建议。这一过程包括收集和整理数据、分析和解读数据，以及将数据应用于决策和评估中。通过这样的方式，HR可以在人力资源管理中发挥更大的作用。

值得注意的是，数据分析并非最终目的，诊断也并非最终目的。只有在经过分析处理、诊断的海量数据变得有条理之后，管理者才能将其用于决策和工作指导，并从中获得有参考价值的解决方案。

在这一过程中，HR首先需要明确数据分析的需求，选择关键的数据指标，建立易于分析的数据表。其次进行数据分析和处理，初步诊断并识别问题和风险，进而进行精细化的诊断，并提出解决方案。最后通过可视化地展示数据分析的结果，并有效传递数据的价值。

（1）确定目标或问题

明确希望通过数据分析来解决的具体问题和实现的目标。这可以帮助HR明确数据收集的重点和需要分析的指标。

（2）收集并整理数据

确定需要收集的数据类型，并选择适当的数据收集方法和工具。收集来的数据需要进行整理和分析，以保证数据的准确性和一致性。

（3）定义指标

根据分析目标，确定需要使用的指标。明确要分析的关键数据点，并将其转化为可量化的指标。例如，对于人才招聘过程的数据分析，可以使用如招聘渠道效果、招聘周期等指标。

（4）数据分析与可视化

运用统计和数据分析方法，探索数据中的潜在信息和趋势。使用可视化工具（如图表和可视化仪表板）将数据转化为易于理解和分析的形式，帮助发现相关性和模式。

（5）数据解读

通过分析结果，寻找数据中的关联因素和趋势。提炼出有意义的见解和建议，帮助支持决策和优化策略。

（6）结果应用

制定有针对性的人力资源管理策略和措施。确保数据分析的结果可以转化为实际行动,并落实到组织的HR实践中。

(7)持续改进

定期回顾和评估数据分析的结果和效果,以检验措施的有效性,并根据需要进行改进。通过反馈回路不断优化数据分析的方法和流程,提高HR的数据驱动决策能力。

有价值的数据分析需要在明确目标或问题的基础上,进行合理的数据收集、整理和分析工作。同时,将数据见解转化为实际行动,并进行持续的改进和评估。通过科学和系统的数据分析,HR可以提供有力的决策支持,优化人力资源管理。

误区提醒

从数据中寻找规律、进行分析是一个既烦琐又严谨的过程。数据分析与可视化相辅相成,能够帮助管理者理解和传递数据的见解。

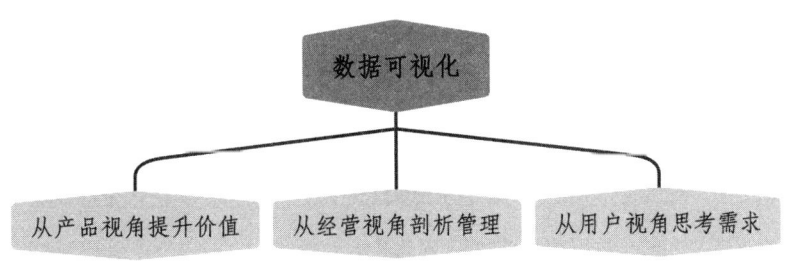

图1-7 数据可视化

数据可视化可以带来多种价值:

- 使复杂的数据和见解更易于理解和传递。
- 更好地沟通数据分析结果,促进决策和战略制定。
- 可以激发新的发现和见解,以及提出新的问题。
- 促进数据驱动决策的文化建设。

值得注意的是,数据可视化是为了降低受众的理解成本,而不是拾高。

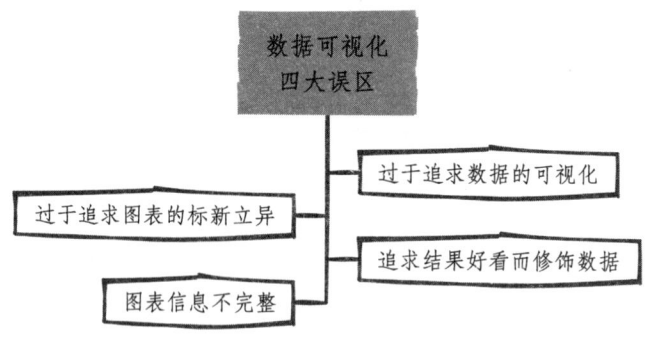

图1-8　数据可视化的四大误区

1.4　数据分析是无处不在的跨界思维

全球知名咨询公司麦肯锡指出，数据已经成为当今每一个行业和业务职能领域中重要的生产要素，它渗透到各个方面，并预示着新一波生产力增长和消费红利的到来。

随着互联网的发展和互联网+各行业的融合，数据规模日益庞大。在这样的背景下，我们如何从海量的数据中寻找规律，挖掘有价值的信息，并通过分析理解原因、辅助判断和决策，以达到最优解呢？

数据分析就是这个恰到好处的辅助工具，它更具有跨界思维。跨界思维是一种开放、有效的创新思维，甚至可以说是颠覆性、变革性的思维方式。

当运用数据分析思维思考如何更好地构建和应用数据进行分析时，我们已经在培养以下四个关键思维：

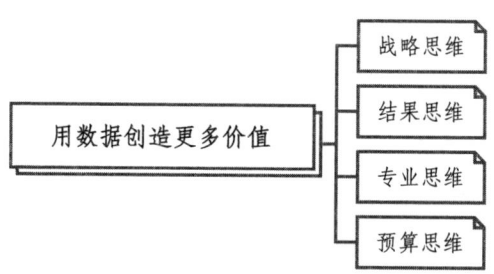

图1-9　用数据创造更多价值

- 战略思维

通过数据分析，我们可以获取更全面的信息，深入理解组织战略和竞争环境，并据此做出有远见的决策和战略规划。

- 结果思维

数据分析能够让我们更加注重结果和价值，关注数据分析的输出结果，并将其应用于业务决策，实现实际效益。

- 专业思维

为有效地从数据中提取有意义的信息，做好数据分析，需要具备专业领域的知识和技能。

- 预算思维

在数据分析中，我们需要考虑资源的分配和利用效益，以确保数据分析的成本与收益之间的平衡。

通过运用数据分析的跨界思维，我们可以为业务创新提供指导和支持，优化决策过程，并发掘隐藏在数据中的机遇和挑战。数据分析不仅是一种技术手段，更是一种思维方式和创新能力的体现。

在我们的生活中，数据分析的影响几乎无处不在，其实用性远远超出了人们普遍的认识。

以国家统计局官方网站上公示的许多统计数据为例，决策者通过分析人口、经济、社会等多个方面的数据，洞察国家发展的趋势与问题，为制定科学的政策和规划提供依据。比如，GDP增长率、失业率等宏观经济指标，有助于政府采取相应的调控措施。

在商业领域，企业家依赖市场调研和消费者行为的数据来改进产品，提高顾客满意度。通过数据分析，企业可以更精确地定位目标市场，了解客户需求，预测市场趋势，从而制定有效的商业策略。

在医疗行业，数据分析同样扮演着至关重要的角色。医疗数据分析能够帮助提高诊疗效率、优化医疗资源分配以及增进病患的治疗效果。例如，通过病例数据分析，可以在早期识别疾病模式，预测病情发展，还可以通过大数据分析来帮助制订个性化治疗方案。

在教育领域，数据分析能够帮助教育机构监测和评估学生表现、课程效果等。数据的及时反馈可以指导教师调整教学方法，应对学生的个性化学习需求，提高教育质量。

在我们的个人生活中，如通过分析个人健康监测设备收集的步数、心率和睡眠质量数据，我们可以更好地理解健康状况，并据此调整生活习惯。消费数据分析可以帮助个人更合理地规划财务，做出更明智的购买决策。

由此可见，数据分析已经融入社会的各个层面，培养数据分析能力已成为提升个人竞争力的重要途径之一。

本章小结

数字化转型带来的好处还包括数据驱动的决策和更高效的信息共享，使HR更具战略性和愿景性，能够更好地应对业务挑战和变革。

科技进步的同时，人力资源传统的事务性工作也会逐渐被自动化，被释放的HR就可以把时间和精力投入提供价值更高的人力资源管理工作中来。

有了数据分析，数据便有了灵魂。从数据中寻找规律，用数据分析的结果指导实际工作的方向，正是它的意义所在。

数据分析要求HR站在人力资源顾问的角度，在人力资源各模块知识的基础之上，诊断和发现公司在经营中存在的问题、风险，让HR与高层管理者沟通时做到有理有据。

HR能够从数据中挖掘多少价值，就能够创造多少价值。对于HR来说，数据分析是提供有价值的决策支持的重要工具。通过以客观数据为基础，进行数据分析和解读，HR团队可以提供有价值的决策支持和战略建议。

第 2 章

顺应人力资源数字化转型的专业素养

2.1 推动企业数字化基建

（1）企业数字化是趋势

> 2023年6月13日，中国政府网发布《关于开展中小企业数字化转型城市试点工作的通知》，其中提到："通过开展城市试点，支持地方政府综合施策，探索形成中小企业数字化转型的方法路径、市场机制和典型模式，梳理一批数字化转型细分行业，打造一批数字化转型'小灯塔'企业，培育一批优质的数字化服务商，开发集成一批'小快轻准'（小型化、快速化、轻量化、精准化）的数字化解决方案和产品，通过示范带动、看样学样、复制推广，引导和推动广大中小企业加快数字化转型，全面提升中小企业数字化水平，促进数字经济和实体经济深度融合。"

"数字化技术虽然好，但是我们企业还没有条件应用。"

"给企业上设备、上系统，就是完成了数字化吗？"

没这么简单。

随着信息技术的迅猛发展，数字化已经成为企业发展的重要趋势。因为数字化技术，一切都在变得更智能、更智慧，所以能帮助企业创造更多价值。然而，企业的数字化并不是简单地叠加数字化技术，也不是以使用数字化技术为终极目标。

国家层面大力推动数字化转型，高度重视新型基础设施建设。

新型基础设施建设（以下简称新基建）是以新发展为理念，以技术创新为驱动，以信息网络为基础，面向高质量发展需要，提供数字转型、智能升级、融合创新等服务的基础设施体系。

> 数字化技术的优势表现在三个方面：
> （1）消除了信息不对称，使指挥部能够全面掌握信息；
> （2）能够保证高效的业务运转而不出现混乱，大大提升了业务效率；
> （3）实时共享数据为决策提供了充分的依据。

企业数字化的新基建将成为推动企业持续创新和发展的关键要素。人力资源部门作为组织内负责人才管理的核心部门，可以通过积极推动企业数字化新基建，实现人才战略与数字化战略的有机结合。

那么，企业数字化的新基建是什么？人力？数字化技术？

通过信息技术和数字化工具来支持企业在组织结构、流程、文化等方面的转变，实现数字化转型和持续创新。

新基建不仅包括硬件设施、网络设施等基础设施建设，还包括数据架构、数字化平台、数字化流程等方面的建设。

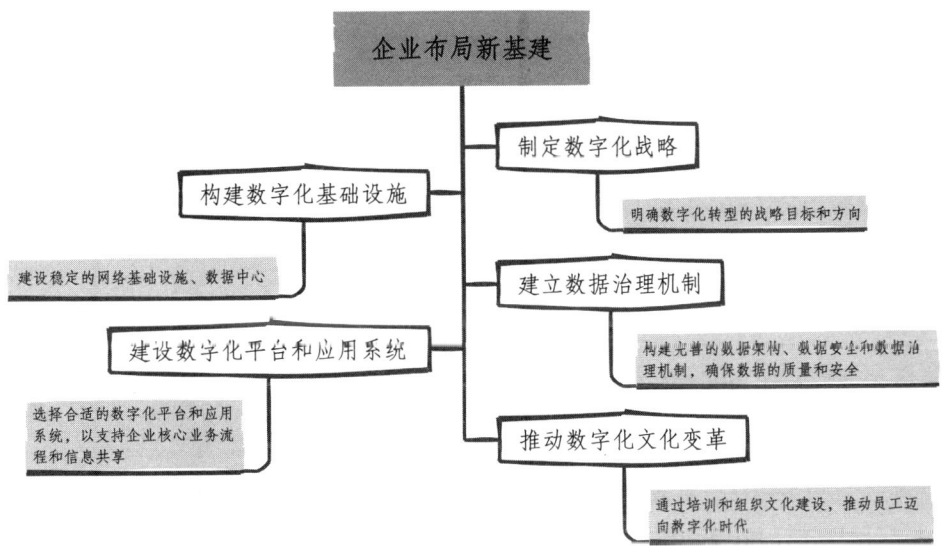

图2-1　企业布局新基建

（2）HR推动企业数字化基建

- 思维层面

场景1

员工："我们很多琐碎的事务都是靠人工完成的，现在市场上有一个平台，能节省很多人力和时间。"

管理者："没有必要花那些钱，现在就挺好的。"

场景2

员工："我们的产品是否符合用户的习惯？用户会不会买？要是用数字化技术分析的话，我们的营销会更精准。"

管理者："销售员不懂吗？"

由此可见，管理者的认知，是企业发展的天花板。

而HR可以用策略影响管理者的思维，如创愿景、绘蓝图，让管理者看到数字化的价值。

"有了数字化，我们的人才发展会是什么样子？"

"有了数字化，我们的绩效管理会是什么样子？"

"有了数字化，我们的培训会是什么样子？"

"是时候需要创新了。"

- 平台层面

有没有一个平台能够让人力资源管理更智能？

◆ 集成HR的各模块管理

简历筛选、面试、offer、入职、电子合同、考勤、试用期考核、转正、人才盘点、调薪、考核、薪酬发放、流程审批等多个环节、场景，能不能因为某个平台的应用而变得更智能？让HR少一些重复、事务性的工作？"开会用A平台，审批用B平台，考勤用C平台，周报用D平台，领福利用E平台……员工很烦躁。"

登录入口少一些行不行？

◆ 实时监测

销售额下降了；外部市场需求变化了；这个月离职人数远超上个月……管理者会不会是最后一个知道的？仪表盘、看板或者数据分析……能够实时监测公司经营、管理的状态，为管理者调整策略提供数据依据。

- 组织层面

"现有团队能打胜仗吗？"

"战斗力如何？"

"能力素质是否能满足企业数字化转型的要求？"

HR还需要成为一个赋能者，去激活组织的战斗力。

- 担任人才战略的引领者

HR可以从人才角度出发，提出数字化转型对于人才管理的需求，引领企业进行相应的数字化基建。

- 定义数字化人才需求

HR应该对数字化转型过程中所需的人才进行准确的定位和需求分析，为企业提供合适的人才策略，并支持相关培训和发展计划。

- 促进数字化技能的提升

HR可以提供培训和学习机会，帮助员工提升数字化技能，提高数字化工具和平台的使用效果。

- 推动人才信息化管理

通过实施人才管理系统和数字化人力资源管理，帮助企业更好地管理和使用人才资源。

- 建立数字化用人机制

通过数字化工具和平台，优化招聘、培训、绩效评估等人力资源管理流程，提高效率和准确性。

企业需要布局新基建，包括构建数字化基础设施、建设数字化平台和应用系统、建立数据治理机制以及推动数字化文化变革等。

作为人才管理的核心部门，HR可以发挥重要作用，通过担任人才战略的引领者、定义数字化人才需求、促进数字化技能的提升、推动人才信息化管理以及建立数字化用人机制等方式来推动企业数字化基建。通过这些努力，企业将能够更好地适应数字化时代的挑战并取得成功。

2.2 利用数据做决策

在当今信息爆炸的时代，数据成为重要的资源，其应用和分析变得至关重要。数据洞察可以帮助组织发现问题、调整策略并改善绩效。对于决策制定者来说，利用数据驱动的持续改进具有重要意义。

- 基于数据洞察设计决策方案

数据洞察是通过对大量的数据进行分析和解读，从中发现关键的信息和趋势，以帮助决策者做出准确的决策。

> 电商公司A通过分析用户的购买历史、浏览行为和社交媒体数据，发现某个产品在年轻女性用户中具有很高的热度。基于这个洞察，公司针对该产品推出了定向营销活动，获得了显著的销售增长。

- 数据驱动的持续改进

数据驱动的持续改进是指基于对数据的实时监测和分析，通过不断优化和调整来提升业务绩效。

> 制造公司B通过对数据库的实时监控，发现在生产线上某个工序的缺陷率较高。通过分析数据，发现问题是由于操作员培训不足导致的。公司随即进行了课程培训，减少了缺陷率并提高了生产效率。

- 数据，是资源

数据不仅是一堆数字，它还具有极大的商业和战略价值。

> 保险公司C利用大数据分析客户行为和赔付记录，发现了一种新的欺诈模式，并实施了相应的反欺诈措施。由此，公司减少了欺诈赔付。

是什么帮助甲公司实现了精准的人才筛选？

典型案例

甲公司有名的招聘故事

精准招聘，甲公司这么做

2004年，甲公司在101号公路旁竖起了一块大大的广告牌，内容是一个以.com结尾的网址。

图2-2 不寻常的广告牌

101号公路是到达硅谷的必经之路。硅谷有很多著名的公司，当然也聚集了很多有才华的年轻人。

什么样的人会进入甲公司呢？

每天在101号公路上穿梭，如果有谁留意到了路边广告牌上的信息，他恰好会编程、对编程有兴趣，又能做到正解，那么其就会被答案引导到招聘的下一关，直到出现在甲公司的欢迎页面。

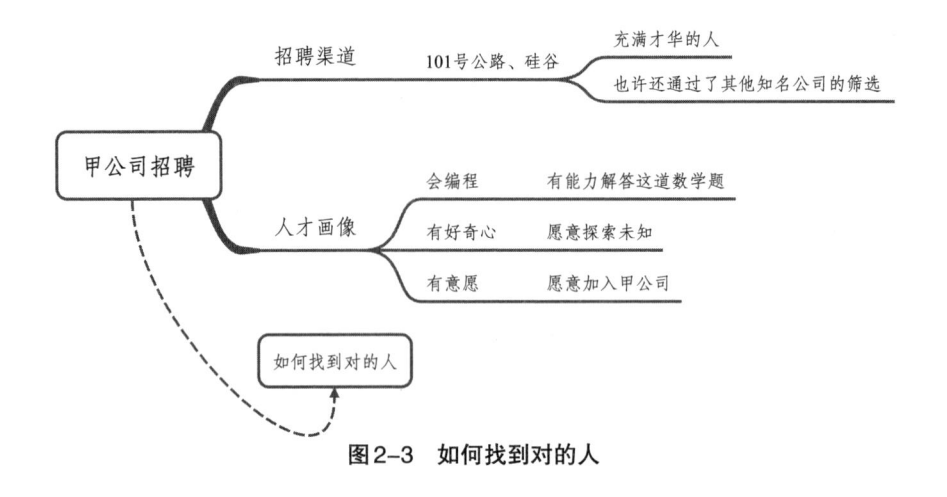

```
甲公司招聘 ── 招聘渠道 ── 101号公路、硅谷 ── 充满才华的人
                                           └─ 也许还通过了其他知名公司的筛选
           ── 人才画像 ── 会编程 ── 有能力解答这道数学题
                     ── 有好奇心 ── 愿意探索未知
                     ── 有意愿 ── 愿意加入甲公司
           ⇠ 如何找到对的人
```

图2-3 如何找到对的人

数据"懂"你

决策的精准性和准确性对于实现组织的成功至关重要，而这些精准决策往往依赖于对数据的精确剖析和深入理解。数字化的应用不仅是为了高效地处理和管理大量的数据，更是为了提供更准确的信息和指导，从而提高管理者的决策正确率。

- 他会是新岗位的最合适人选吗？

快速了解各个岗位所需要的胜任力素质模型，评估候选人是否适合新岗位；有效地评估候选人的能力和适应性，从而降低员工流动率和招聘失败带来的风险。

- 团队人才与同行业相比如何？

分析团队人才与同行业的比较数据，可以更全面地了解团队的优势和劣势，评估团队的整体素质和竞争力，制订相应的培训和发展计划。

- 薪酬福利与竞争对手相比如何？

将薪酬福利与竞争对手相较，可以更准确地评估组织在薪酬福利方面的竞争力，从而制定更具吸引力的薪酬政策，留住优秀的人才。

HR部门利用数据来驱动决策是降低风险的重要一环。通过使用数据来分析和优化决策，可以提高决策的准确性和质量，降低试错成本和摸索成本，从而降低组织面临的风险。

2.3 挖掘HR的业务价值

"HR不懂我们的业务。"

"HR是服务部门。"

"管天管地管空气，HR做了很多，但是业务部门还不买账。"

业务部门与HR似乎总有不可调和的矛盾。企业数字化转型不仅给人才管理带来了诸多影响和挑战，而且对自身的价值创造有了更高的期待。

以管理数字化推动业务数字化

> 数字化工具——飞书，先进企业协作与管理平台。
>
> 数字化进程的深入，同样加速着跨部门、跨团队、跨地域沟通的高频化和复杂化，如何让信息突破组织上下内外的边界，是每个企业都在面对的挑战。
>
> 未来协作的本质是信息在组织内外的高效流转。飞书将即时消息、视频会议、文档等功能一站式整合，让团队从数字化办公进化到无边界协同，加速信息在组织全域的流动，成就组织和个人，更高效、更愉悦。

数字化转型推动了工作流程和组织结构的变革，使得人才需求和职位要求发生了变化。HR需要了解新兴技术和行业趋势，以便更好地与高层管理者对接，制定合适的人才战略。

数字化技术和工具为HR业务流程带来了全新的优化机会

在招聘方面，人工智能可以帮助企业进行简历筛选和候选人推荐，大大提高了招聘效率和准确性。在线面试和虚拟招聘活动则可以节约时间和成本，并能更广泛地吸引到全球人才。

> 公司A是一家传统制造业公司，决定进行数字化转型以提高生产效率。
>
> 随着数字化转型的进行，他们发现在吸引和招聘数字化领域专业人才方面面临巨大挑战。HR部门迅速意识到他们需要运用数字化招聘技术以及更加巧妙和有针对性的招聘策略。

在培训方面，数字化技术可以提供在线学习平台和虚拟培训工具，让员工可以随时随地进行学习和培训。同时，通过数据分析，HR可以更好地了解员工的培训需求和进展情况，制订个性化的培训计划。

> 公司B是一家跨国公司，决定通过数字化转型优化培训流程。
>
> 他们引进了在线学习平台和虚拟培训工具，并制订了个性化培训计划。通过这些数字化工具，员工可以根据自身需求和时间安排进行学习，并可进行在线测试和评估。HR部门通过数据分析，及时了解到员工的学习进度和培训需求，从而更好地提供个性化的支持和补充培训。

绩效管理也可以借助数字化工具实现更加精确和及时的考评。基于数据分析的绩效管理可以帮助企业识别高绩效员工和潜在问题员工，并及时采取相应的措施。

数字化转型使得企业拥有更多、更准确的数据，这为HR部门提供了更好的决策支持。然而，这也给HR部门带来了数据处理和分析的挑战，HR需要具备数据分析和处理的能力。

数字化让业务增长如虎添翼

近年来，有一些企业异军突起，业绩增长强劲。

HR是数字化转型的推动者和引领者

- 了解数字化技术和趋势，持续更新自身的知识和技能。

- 了解业务需求，帮助使用者制定与数字化转型相一致的人才战略，以支持组织的发展。
- 与技术团队紧密合作，共同思考如何更好地运用数字化技术和工具，优化招聘、培训、绩效管理等HR业务流程。
- 帮助员工理解并适应数字化转型的变化。

> 公司C是一家创新科技公司，决定进行数字化转型以提高创新能力。
> HR在数字化转型中发挥了重要的引领作用。他们与高层管理者紧密协作，了解公司的数字化战略和需求，并制定了与之相匹配的人才招聘、培训和绩效管理策略。HR还组织了培训活动，向员工介绍数字化技术，并鼓励他们参与数字化转型。通过这些努力，公司C成功实现了数字化转型，并营造了高效、创新的工作环境。

HR的努力不仅有助于提高组织效率和创新能力，也为员工提供了更好的发展机会和体验。因此，HR需要不断提升数字化能力，紧跟时代的步伐，为企业的成功数字化转型做出贡献。

2.4 持续创新，洞见未来

管理思想大师查尔斯·汉迪指出："任何一条增长的曲线，都会滑过抛物线的顶点（极限点），持续增长的秘密就是在第一条曲线消失之前，开始一条新的S曲线。"

这条新的曲线，也就是第二曲线，在企业、产品、科技等各个领域的发展中扮演着至关重要的角色。只有通过不断发现和寻找第二曲线的机会，才能实现持续的创新。例如，腾讯QQ之外诞生了微信App；美团除了零售领域外还追求科技投入；联想不仅提供硬件产品，还提供解决方案等软性产品。

典型案例

《第二曲线创新》[①]

一个企业想要长寿，需要从管理和创新两个方面入手：从管理上看，企业应该尽量延长第一曲线的"生命"，以应对既有市场；而从创新的角度出发，应启动独立的第二曲线，以应对新兴的市场机会。

简言之，企业基业长青的具体方法论可以用四个字概括——守正出奇。"守正"指企业要对第一曲线进行管理，推迟"极限点"可能出现的时间；"出奇"则是指企业在对待第二曲线创新时，一定要积极进取，通过对第二曲线的扶持，为企业赢得全新的增长空间。

开启第二曲线有难度，识别"极限点"的到来更难。

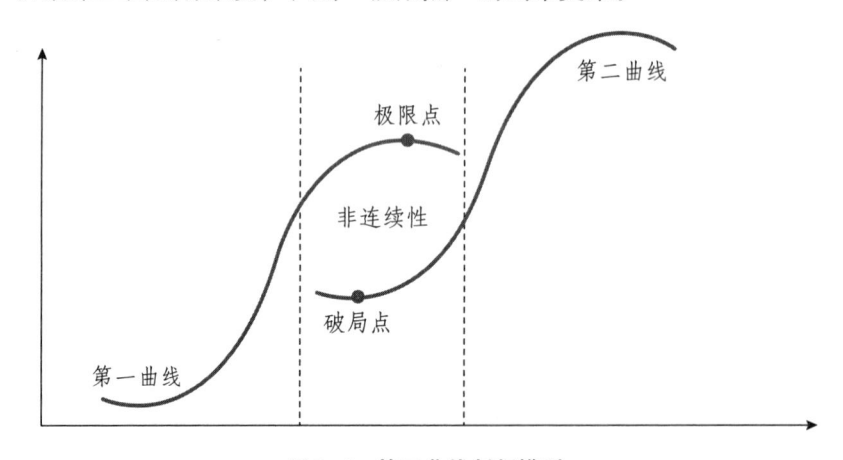

图2-4　第二曲线创新模型

而数据则成为洞见未来趋势的关键工具。

数据的收集、分析和应用能够帮助企业和个人更好地了解市场需求、消费者行为和竞争环境，从而洞察未来的发展趋势。通过对大数据和相关指标的掌握，可以预测市场的需求变化、发现新兴市场及潜在机会，并及时调整战略和

[①] 李善友著，人民邮电出版社2019年版。

创新方向。

持续创新需要依靠数据来驱动。数据分析可以帮助企业识别产品改进的方向、预测消费者趋势、评估新技术的使用效果等。借助数据的力量，企业能够更加敏锐地捕捉市场变化和机会，提高创新的成功率，不断迭代和优化产品与服务，保持领先地位。

因此，持续创新与数据洞见未来的紧密联系将成为企业成功的关键所在。通过不断挖掘数据的潜力，企业能够更好地适应变革、把握机遇，并实现持续创新和增长。

给HR的启示

（1）掌握数据分析技能

数据分析已经成为重要的工具，能够帮助企业洞见未来趋势并实现持续创新。作为HR，掌握数据分析技能不仅可以提升自身的竞争力，还可以更好地助力人力资源决策。

（2）提高创新成功率

借助数据分析，HR可以识别组织内部的改进方向，评估新技术的使用效果，从而提高创新的成功率。通过数据驱动的决策和预测，可以更准确地选择和引进创新人才，推动组织持续创新。

（3）预测需求变化

HR可以预测员工需求的变化趋势，从而及时调整人力策略。这有助于组织更好地适应变革，避免人力资源短缺或过剩。

（4）提供个性化解决方案

借助数据，HR可以更好地了解员工的技能、兴趣和职业发展需求，提供有针对性的发展支持，促进员工的成长并提高满意度。

HR掌握数据分析技能，了解需求、预测趋势、推动创新，这些都是提升职业竞争力和推动组织发展的重要方向。

2.5 做公司的咨询顾问

做公司的咨询顾问是一项涉及帮助组织解决问题和提供战略性建议的职业。而在这个领域中，人力资源顾问和HR专业人员在角色和职责上存在一些不同之处。

①角色定位

HR专业人员通常会被看作企业职能部门的一员，负责与公司内部员工建立并维护关系。他们通常与员工和管理层共同合作，处理日常的人力资源需求和问题。

他们更专注于内部员工的福利、培训、职业发展和绩效管理等，以支持员工个人和组织目标的实现。

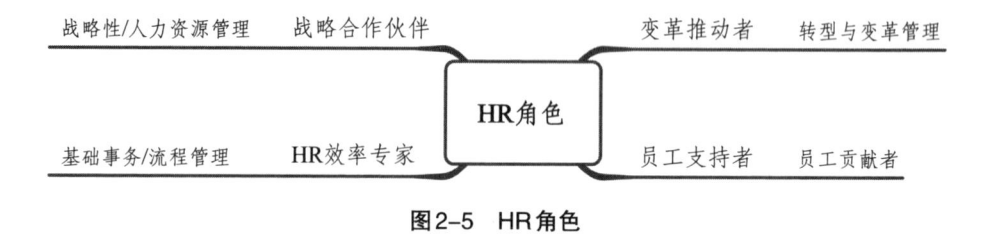

战略性/人力资源管理	战略合作伙伴		变革推动者	转型与变革管理
		HR角色		
基础事务/流程管理	HR效率专家		员工支持者	员工贡献者

图2-5　HR角色

而人力资源顾问更像是帮助企业提高竞争力的智囊团，需要与不同层级的管理人员和团队进行交流和合作，以确保咨询项目的成功实施。

人力资源顾问的目标是为客户提供战略性的、个性化的解决方案，帮助其在人力资源方面取得竞争优势。他们更注重整体业务发展和组织变革方面的咨询。

②范围和广度

HR专业人员是组织内部的员工，负责管理和支持公司的人力资源职能，涉及员工招聘、培训发展、员工关系和绩效管理等方面。

HR在一家公司工作，只为其解决人力资源管理问题，可能还只是其中某一模块的工作内容。比如，企业需要薪酬改革，HR就只需要优化自己企业的薪酬体系。

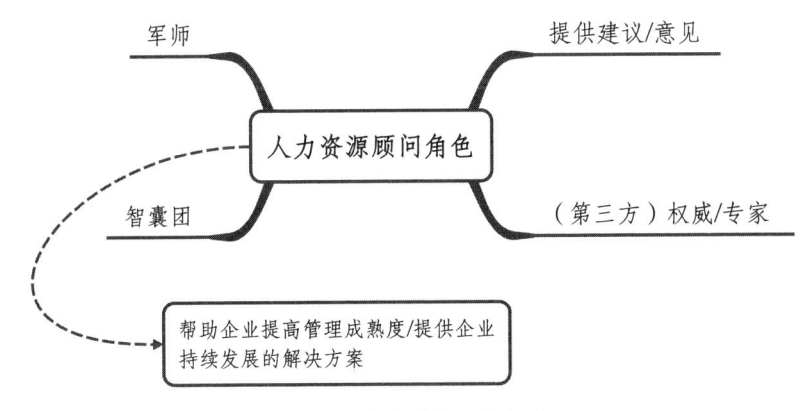

图2-6 人力资源顾问角色

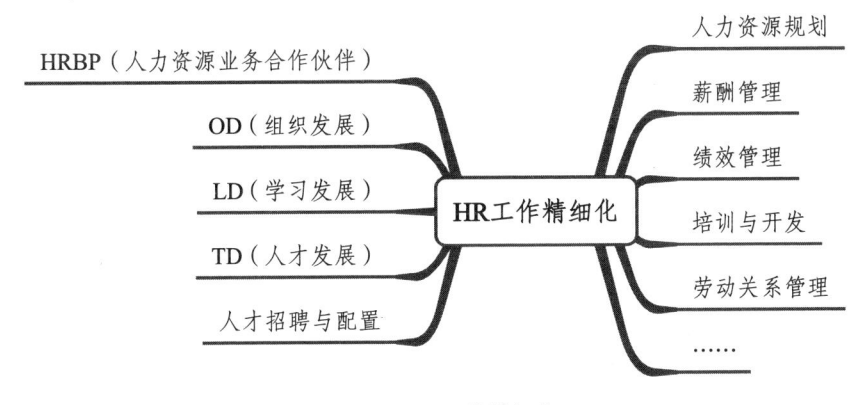

图2-7 HR工作精细化

但是人力资源顾问可以和多家公司合作，如帮助公司完成薪酬改革。他们面对的问题也更复杂。

人力资源顾问通常在公司外部工作，为多个客户提供咨询服务。他们可以面对很多公司，会遇到多个老板，问题也更多样化。

③项目性质和时间跨度

人力资源顾问通常在特定项目上工作，可以是人力资源策略的制定、组织重组或人员调整等。他们可以为客户提供一次性的咨询服务，并在一定时间内完成任务。

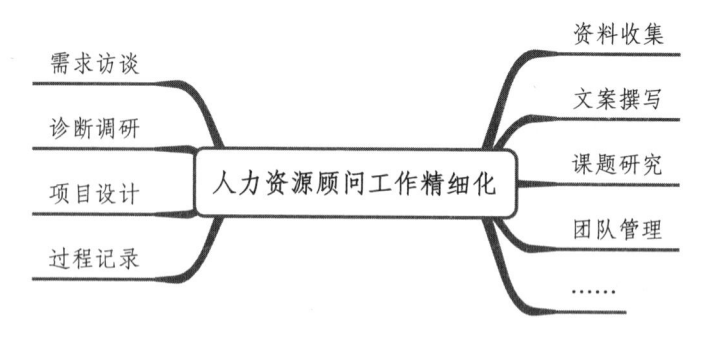

```
需求访谈                    资料收集
诊断调研                    文案撰写
         人力资源顾问工作精细化
项目设计                    课题研究
过程记录                    团队管理
                           ……
```

图2-8 人力资源顾问工作精细化

HR专业人员则持续地在公司内部工作，处理日常的人力资源事务，并为组织长期地提供支持和建议。

④专业知识和技能

"若还没自己懂的多，没法为企业带来增值，我为什么要请顾问呢？"老板心里都有一杆秤。

人力资源顾问通常具备广泛的行业知识和咨询技巧。他们需要了解不同的行业和组织，能够分析并理解客户的问题，并提供切实可行的解决方案。

HR专业人员则更加专注于人力资源管理的知识和技能，包括了解劳动法律法规、招聘策略和培训与开发等方面的专业知识。

对人力资源顾问来说，人力资源的知识只是基础，其日常工作与企业的发展紧密关联，更具"商业化"，因此对专业性的要求更高。

相比于HR专业人员，人力资源顾问应更"高维"。

人力资源顾问和HR专业人员在角色和职责上有一些差异。人力资源顾问更加专注于为组织提供咨询服务和战略性建议，而HR专业人员则更专注于内部员工和组织的日常管理和支持。两者在不同的环境中发挥着不可或缺的作用，共同为组织的成功和发展做出贡献。

HR不断积累自己的知识、技能、思维等，像人力资源顾问一样要求自己，在创造价值的同时，也是在塑造自己的核心竞争力。

人力资源顾问"高维"自我要求

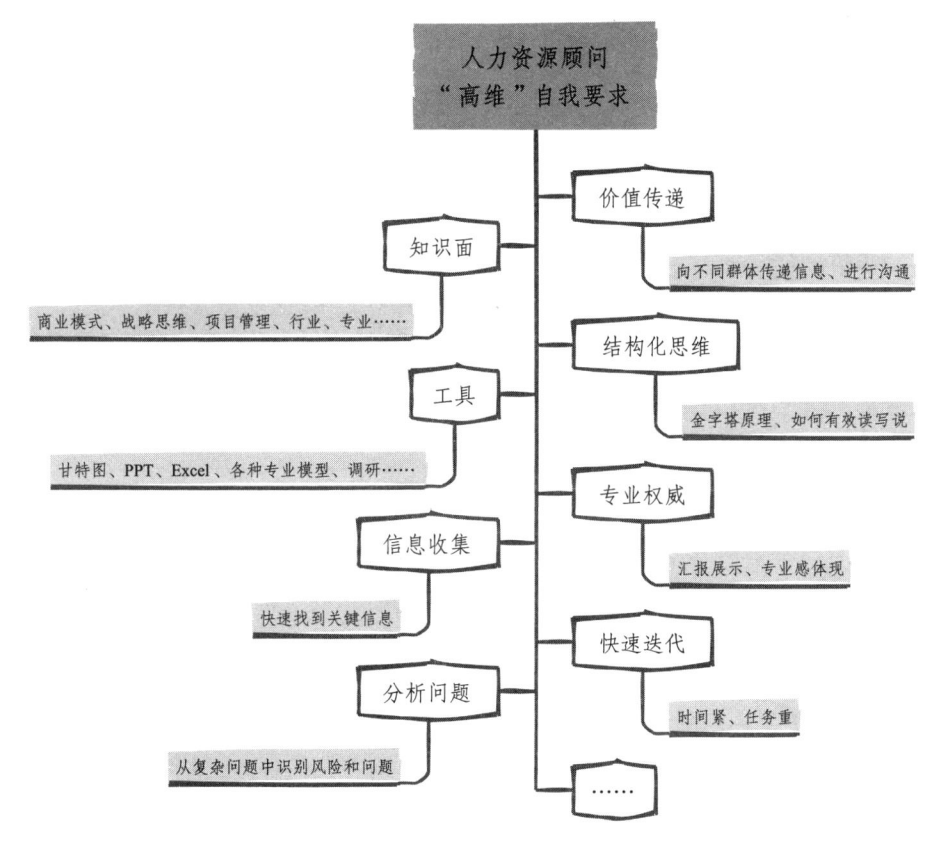

- 知识面
  - 商业模式、战略思维、项目管理、行业、专业……
- 工具
  - 甘特图、PPT、Excel、各种专业模型、调研……
- 信息收集
  - 快速找到关键信息
- 分析问题
  - 从复杂问题中识别风险和问题
- 价值传递
  - 向不同群体传递信息、进行沟通
- 结构化思维
  - 金字塔原理、如何有效读写说
- 专业权威
  - 汇报展示、专业感体现
- 快速迭代
  - 时间紧、任务重
- ……

图2-9 人力资源顾问要求

本章小结

决策的精准性对于实现组织的成功至关重要，而这些精准决策往往依赖于对数据的精确剖析和深入理解。数字化的应用不仅是为了高效地处理和管理大量的数据，更是为了提供更准确的信息和指导，从而提高管理者的决策正确率。

持续创新与数据洞见未来的紧密联系将成为企业成功的关键所在。通过不断挖掘数据的潜力，企业能够更好地适应变革、把握机遇，并实现持续创新和增长。

HR专业人员通常会被看作企业职能部门的一员，负责与公司内部员工建立并维护关系。而人力资源顾问更像是帮助企业提高竞争力的智囊团。

HR专业人员不断积累自己的知识、技能、思维等，像人力资源顾问一样要求自己，在创造价值的同时，也是在塑造自己的核心竞争力。

HR DIGITAL TRANSFORMATION

第 3 章

数字化趋势推动HR用数据创造更多价值

3.1 战略思维：比盲从更重要的是清楚为什么要做

道，指思想、战略、顶层逻辑；术，指方法、战术、工具、实践。

HR很容易陷于具体的事务，如招聘、培训、绩效、薪酬等，停留在这些"术"的层面。那么，我负责招聘，怎样才能精准招聘？我负责培训，怎样才能增强培训效果转化？我负责绩效管理，怎样才能不让绩效考核流于形式？我负责薪酬管理，怎样才能提高薪酬激励性？

典型案例 1

2020—2023年的营收增长率、净利润增长率、人力成本增长率如表3-1所示。

表3-1　2020—2023年的经营情况

类别	2020年	2021年	2022年	2023年
营收增长率/%	20.00	66.67	−30.00	−25.71
净利润增长率/%	31.25	21.90	−57.81	−21.30
人力成本增长率/%	16.11	66.51	18.53	−30.67

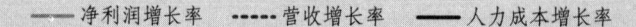

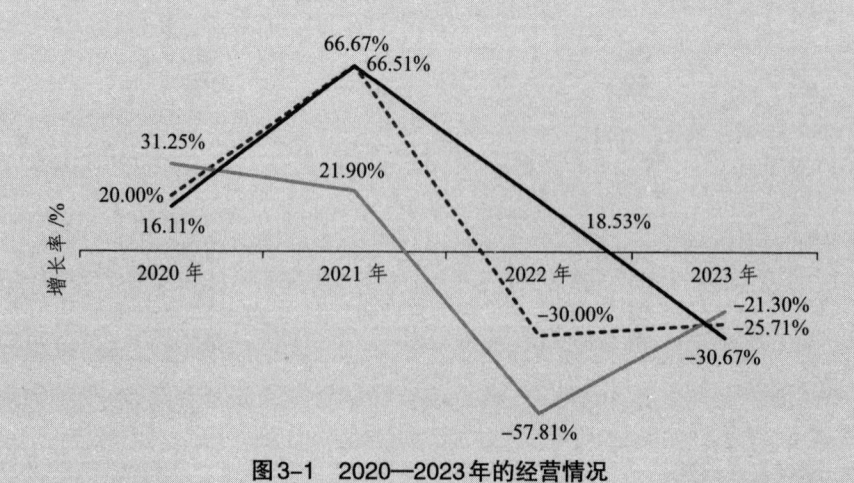

图3-1　2020—2023年的经营情况

请思考以下4个问题：

（1）如果你是老板，你对这个业绩满意吗？

（2）如果你是老板，下一年的目标是什么？

（3）如果你是老板，接下来打算怎么做？

（4）如果你是人力资源部负责人，你会向老板提供什么建议？

（1）从"点"到"面"，从"术"到"道"

当我们用经营思维审视人力资源的工作时，就会发现，原来人力资源的各种措施，如招聘、薪酬、激励、培训，以及开拓销售渠道等的实施，**以终为始，一切旨为支撑"战略"落地**。例如，如何驱动公司业务战略调整？调整业务战略后，人才的数量、质量、结构是否合理？如何激励员工做超出其职能的事情？

①**使命就是初心**

使命是企业做各种业务决策的方向、导航和指南针，也是企业前行的内在驱动力。使命就是初心。

> **典型案例**
>
> "让世界爱上中国造"。——格力
>
> "用户为本，科技向善"。——腾讯
>
> 始终坚持做"感动人心、价格厚道"的好产品，让全球每个人都能享受科技带来的美好生活。——小米

②**企业是船，战略是方向**

企业战略是指企业根据环境变化，依据本身资源和实力选择合适的经营领

域和产品，形成自己的核心竞争力，并通过差异化在竞争中取胜。

战略是一个自上而下的整体性规划过程。战略类型有多种，但都是对企业的谋略和对企业整体性、长期性、基本性问题的谋划。

有了战略，企业、各部门的工作重心将更有方向，那么，接下来的三年、五年，以及眼下的一年，我们要到达什么高度？

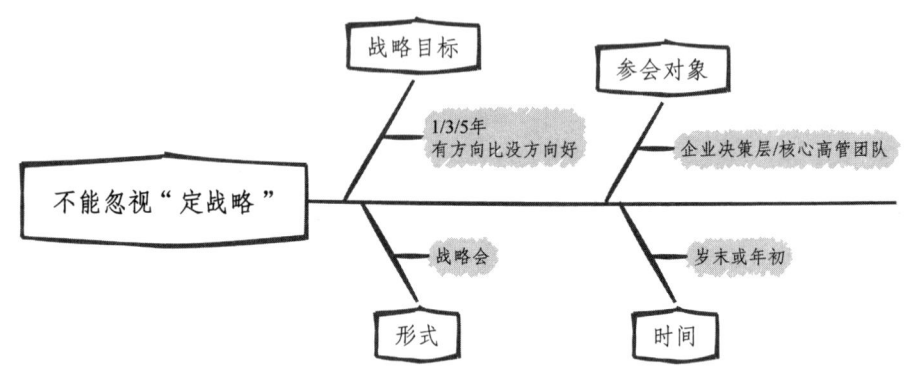

图3-2 企业是船，战略是方向

（2）透过现象看本质

战略重要吗？是的。毕竟人力资源的一切实践，如制度、流程等的建设都是为了支撑战略落地。

实际中，不少管理者们，根本不关心什么战略不战略的。

老板虽然不一定关心战略，但一定会对经营的结果感兴趣。

HR的工作是在"搬砖头"，还是在"盖教堂"呢？低头走路，也别忘了抬头看天。只有了解"为什么做"，了解使命、愿景和价值观，才能更靠近底层逻辑。使命是初心，即"为什么而来"；愿景是憧憬，是"想成为什么样子"；价值观是核心评价系统，"有所为有所不为"。通盘思考，才不至于让自己因为深陷各种琐碎的日常而看不到希望。

3.2 结果思维：像老板一样关注企业的经营结果

（1）"不管黑猫白猫，捉住老鼠就是好猫"

曹冲称象

孙权送给曹操一只大象，曹操十分高兴。"这只大象真是大，可是到底有多重呢？你们哪个有办法称一称它？"

大臣们想了许多办法，一个个都行不通。这时，从人群里走出一个小孩，对曹操说："父亲，我有个法儿，可以称大象。"曹操一看，正是他最心爱的儿子曹冲，就笑着说："你小小年纪，有什么法子？你倒说说，看有没有道理。"曹冲说："把象牵到大船上，在水面所达到的地方做上记号，再让船装载其他东西，称一下这些东西的重量，那么比较一下就能知道了。"

典型案例 1

"你很专业，但就是没有解决问题啊！"

面对这样一个面试问题："管理者最欣赏您的是什么？"求职者如何回答才得体呢？猜猜HR、管理者给的建议是什么？

HR——"建议从性格、做事情、态度等方面来思考。"

管理者——"最欣赏的就是你能把交代的事情做好、做成。"

角色不同，对同一件事情的认知和思考方式也存在明显的差异——管理者更关注结果。**"事情没做成，说啥都没用。"**——结果是最好的说服力。

在企业内部，不同于销售、研发等业务部门，其业绩和成果清晰可见，HR的工作更多地像幕后支持工作。

幕后支持等于没有结果吗？肯定不是。

这也是为什么我们建议HR在完成数据分析，诊断出问题后，带上解决方案。比起提出问题，管理者更关注**"怎么解决"**。

典型案例 2

"你很专业,但是这个问题我觉得不重要。"

销售业务遇到瓶颈,企业招聘了一个有行业经验的工程师,在和客户现场沟通后能够快速给出定制化解决方案,方案也很受客户的喜欢。

企业因为这个新人的加入,销售业务的问题卡点得到解决,客户们对企业产品更满意了,公司的口碑好了,产品的市场影响力进一步提升。管理者很欣慰,觉得"这个员工懂我的心"。

"你所关注的,是不是管理者所关注的?"——有效工作需要关注管理者所关注的。

在确立工作目标的时候,聪明的管理者们都会自检,有效的目标是:

√ 管理者支持吗?

√ 相关部门支持吗?

√ 管理者需要解决它吗?

√ 公司当前需要它吗?

典型案例 3

"每个人每天看起来都好忙,可是年终还是亏损。"

HR 这一年:

√ 招聘了 50 个人;

√ 出差去了 10 个城市;

√ 修改了 100 个制度;

√ 画了 150 个流程图。

√ 可是,公司快要发不出工资了,正计划裁员。

老板可能不爱看的数据表：

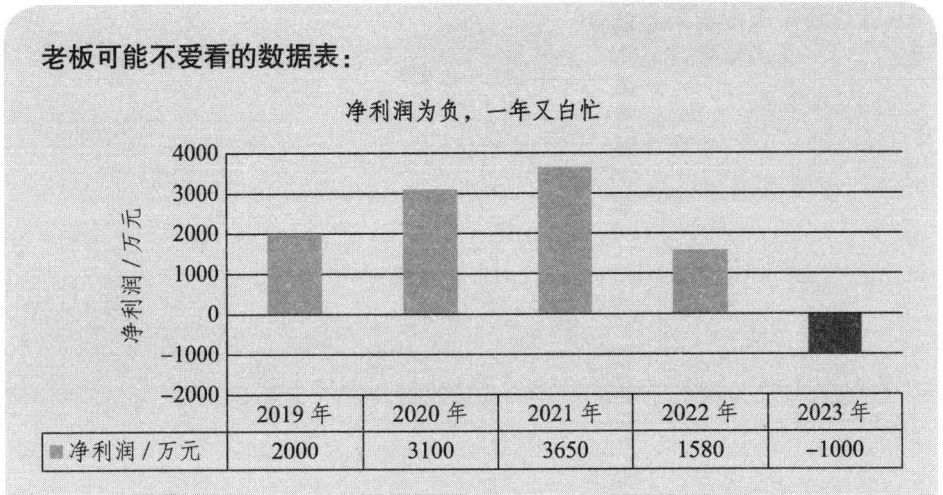

净利润为负，一年又白忙

净利润/万元	2019年	2020年	2021年	2022年	2023年
净利润/万元	2000	3100	3650	1580	-1000

图3-3　2019—2023年的净利润

财务报表是对企业财务状况、经营成果和现金流量的结构性表述。企业有三大财务报表：资产负债表、利润表、现金流量表。

利润＝营收－成本

在"利润"这个终极结果面前，若没有利润，似乎一切都是空谈。"我很努力，我很辛苦"依然显得很苍白无力。**毕竟事实告诉我们：有结果的努力才被认可。**

（2）工作有结果的HR，也是支撑老板目标落地的HR

HR用什么样的思维工作，才能与业务部门的管理者、老板更同频？才能有效支撑业务发展？HR的价值体现在哪里？

每一项人力资源的措施，从上至下分解来看，都是在支撑战略落地。换句话说，HR的工作产出，应该都以战略为导向，如思考"人力成本费用率逐年上升，我们需要考虑……""经过近年来的人力成本分析和预算，下一年度的销售额至少达到……"

管理者可能爱看的数据表：

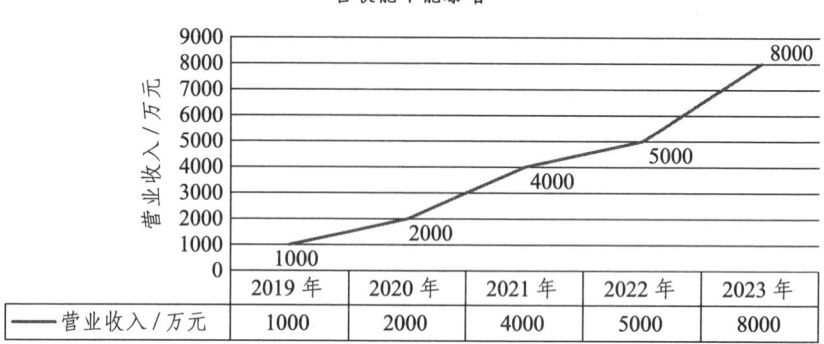

营收能不能暴增

年份	2019年	2020年	2021年	2022年	2023年
营业收入/万元	1000	2000	4000	5000	8000

图 3-4　2019—2023 年营收

不知做什么的时候，不妨问问自己应该做什么才能够帮管理者赚钱？赚更多钱？

3.3　专业思维：数据分析让HR的工作"会说话"

（1）数据分析，旨在未雨绸缪

> **不治已病治未病**
>
> 《黄帝内经》中讲道："是故圣人不治已病治未病，不治已乱治未乱，此之谓也。夫病已成而后药之，乱已成而后治之，譬犹渴而穿井，斗而铸锥，不亦晚乎？"
>
> 因此圣人不是在生病之后才去治疗，而是在还没有生病的时候就进行预防；不是在身体的功能紊乱之后才去调理，而是在身体的功能还没有紊乱的时候就进行预防，说的就是这些道理。疾病已经生成然后才去用药治疗，身体的功能紊乱之后才去进行调理，打一个比方，就像是口渴了然后才去掘井、战斗已经开始了然后才去铸造武器一样，不是太晚了吗？

假如数据的产生存在一条时间轴，那么一定有先行的、当前的状况，以及结果数据。

典型案例 1

某员工刚刚提出离职，HR通过查看考勤数据，发现其最近一个月的请假、迟到次数有点多。

从时间轴看：

第一步：请假×天、迟到×次；

第二步：提出离职。

员工酝酿"离职"情绪的时候，除考勤记录的数据有异常外，还有其他的吗？比如，前1个月或者3个月的绩效考核数据如何？工作效率如何？培训课程完成得还好吗？

结果：离职。

当前状况：本月考核结果差强人意、工作积极性不高。

先行数据：请假×天、迟到×次、培训考试刚及格。

典型案例 2

某两个部门之间相互推诿，总是从对方部门找问题。

若按时间轴分析，以目前的状况会导致哪些结果，请对结果数据做预测：

部门的任务完成质量堪忧？

骨干选择离职或者部门员工的离职率增加？

外部客户对公司的服务满意度降低？

在企业的经营和管理中，一定有先行数据的发生和体现，也有反映当前状况的数据，还有滞后出现的结果数据，那么，

A：哪些是先行数据和指标？

B：哪些是当前数据和指标？

C：哪些是结果数据和指标？

D：还有哪些是先行数据、当前数据、结果数据和指标？

曾经，魏文王问名医扁鹊："你们兄弟三人都精于医术，谁的医术最高明呢？"

扁鹊说："大哥最好，二哥次之，我是最差的。"魏文王非常惊讶，毕竟只有扁鹊名声在外。

扁鹊解释道："大哥能够在病人还没有发现自己不舒服的时候，就下药把将要发生的疾病祛除，所以他的医术很难被人知晓，也就没有名气。

"二哥能够在疾病刚刚发作、病人还没有觉得很不舒服的时候，就下药将疾病祛除，结果大家都以为他只能治一些小病。

"而我只能治疗那些已经发展得很严重的疾病，这时候，病人的家属心急如焚，而我正好能通过手术、开药方等让病人的情况得到好转，于是大家都以为只有我才会治疗大病。其实，是人们理解错了。"

人力资源数据分析也是"治未病"——帮助管理者未雨绸缪，诊断企业的经营和管理状况，降低经营和管理风险，提高决策的正确率。

（2）HR能从数据中挖掘多少价值，就能为企业创造多少价值

①常用的数据指标

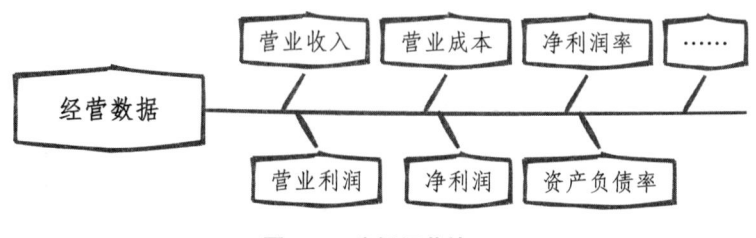

图3-5　分析经营情况

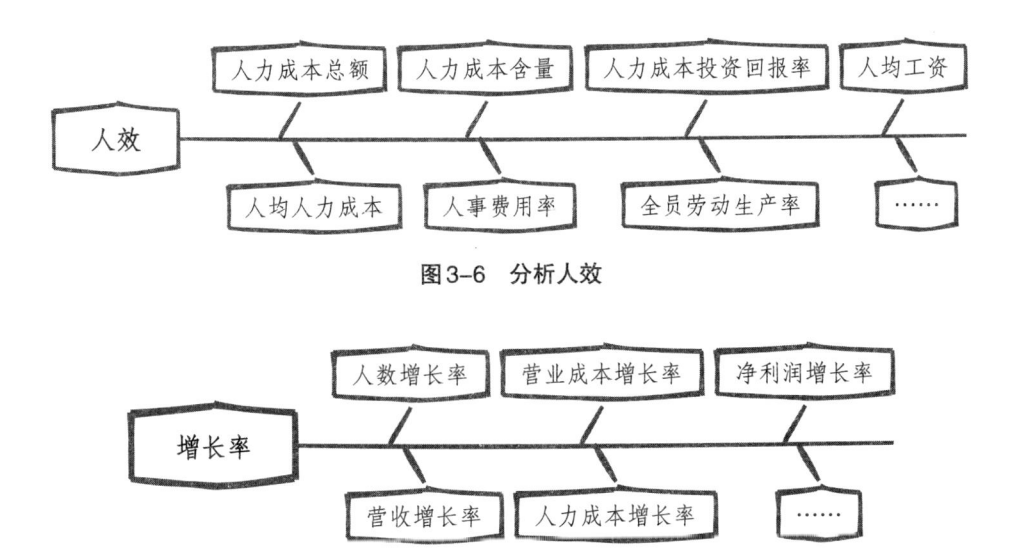

```
                  人力成本总额    人力成本含量   人力成本投资回报率   人均工资
                      \            \            /            /
         ┌─────┐       \            \          /            /
         │ 人效 │────────────────────────────────────────────────
         └─────┘       /            /          \            \
                      /            /            \            \
                  人均人力成本    人事费用率    全员劳动生产率    ……
```

图3-6　分析人效

```
                   人数增长率    营业成本增长率   净利润增长率
                      \            \            /
         ┌──────┐      \            \          /
         │ 增长率│────────────────────────────────
         └──────┘      /            /          \
                      /            /            \
                   营收增长率    人力成本增长率     ……
```

图3-7　分析增长率变化趋势

② 人力成本总额

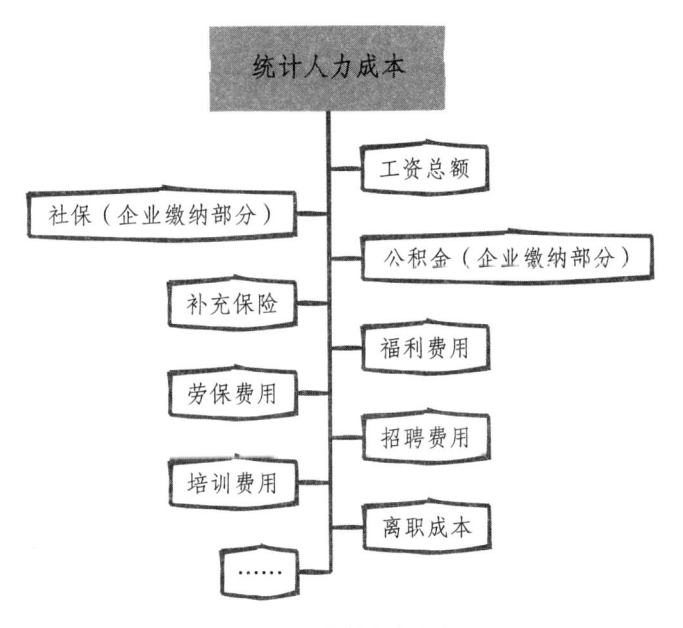

```
                    ┌──────────────┐
                    │  统计人力成本  │
                    └──────┬───────┘
                           │
                    ├──── 工资总额
                    │
      社保(企业缴纳部分)────┤
                    │
                    ├──── 公积金(企业缴纳部分)
                    │
           补充保险 ────┤
                    │
                    ├──── 福利费用
                    │
           劳保费用 ────┤
                    │
                    ├──── 招聘费用
                    │
           培训费用 ────┤
                    │
                    ├──── 离职成本
                    │
                    └──── ……
```

图3-8　分析人力成本

典型案例 1

根据以下3张图思考：

你发现了哪些规律？你能识别出哪些风险？有没有什么问题急需解决？

1. 经营数据一

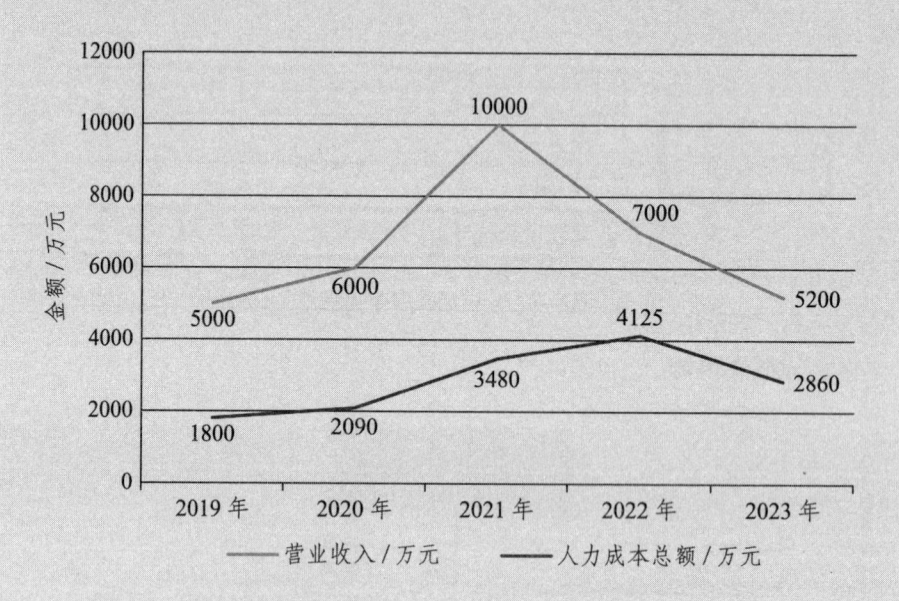

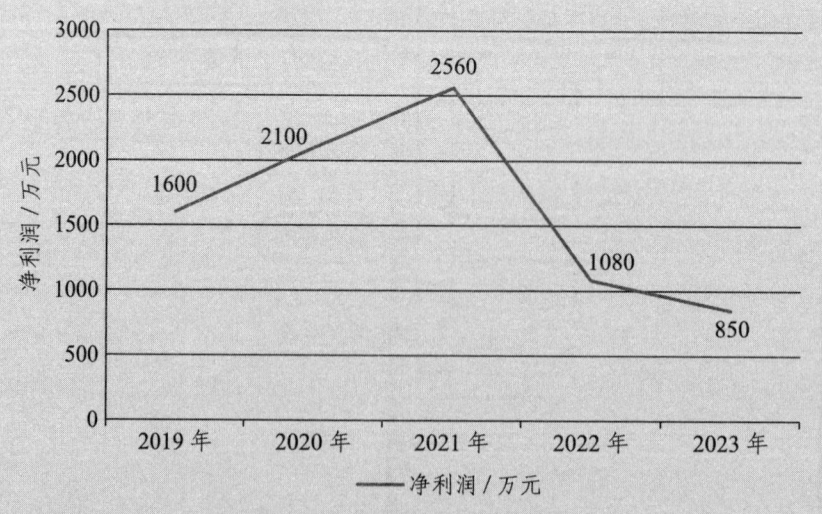

图3-9 2019—2023年的经营数据

是什么【结果先行】：

为什么【分析原因】：

2. 经营数据二

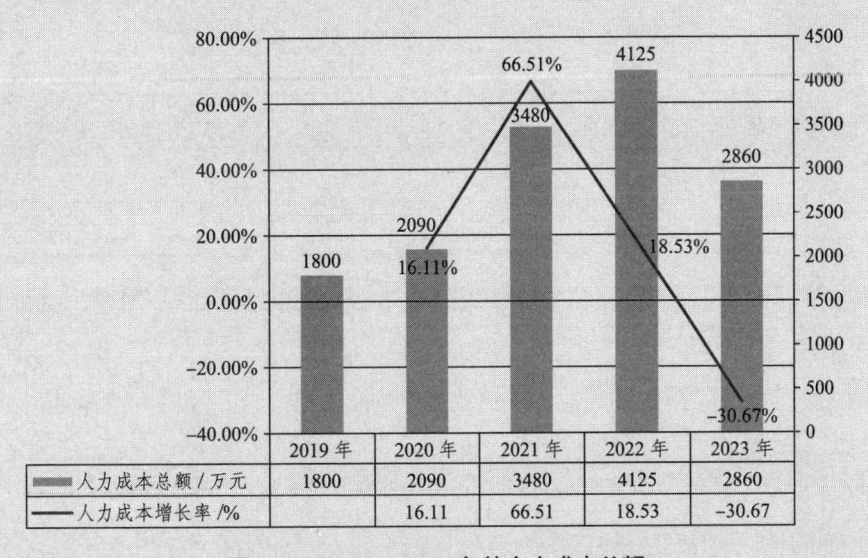

年份	2019年	2020年	2021年	2022年	2023年
人力成本总额/万元	1800	2090	3480	4125	2860
人力成本增长率/%		16.11	66.51	18.53	-30.67

图3-10　2019—2023年的人力成本总额

是什么【结果先行】：

为什么【分析原因】：

3.经营数据三

表3-2 2019—2023年的营收与人数等数据统计

类别	2019年	2020年	2021年	2022年	2023年
营业收入/万元	5000	6000	10000	7000	5200
在岗人数/人	100	110	120	125	110
全员劳动生产率/万元/人	50	55	83	56	47
平均人力成本/万元/人	18	19	29	33	26

其中，全员劳动生产率和平均人力成本近年趋势如下图：

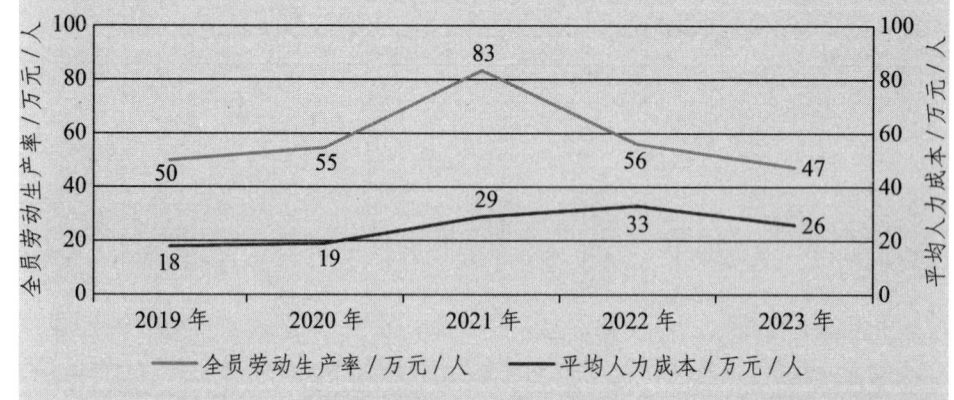

图3-11 2019—2023年全员劳动生产率与平均人力成本数据

是什么【结果先行】：

为什么【分析原因】：

3.4 预算思维：不做预算的企业没有未来

> 据《韩非子·十过》记载：有一次秦穆公问由余说："我曾听说治国之道而未能亲眼看见，希望听听古代君主得国失国常常因为什么？"由余回答说："我曾经听说过了，常常因为俭朴得国，因为奢侈失国。"穆公说："我不感到耻辱而向你打听治国之道，你用俭朴来回答我，为什么？"由余回答说："我听说过去尧拥有天下，用陶器吃饭，用陶器喝水。他的领土南到交趾，北到幽都，东西到达日月升落的地方，没有不臣服的。尧禅让天下，虞舜接受下来，所做的食具，都是砍伐山上树木制作成的，削锯成器，修整痕迹，在上面涂上漆和墨，送到宫里作为食器。诸侯认为太奢侈，不臣服的方国有十三个。虞舜禅让天下，传给夏禹，夏禹所做的祭器，在外面染墨，里面绘上红色，缦帛做车垫，草席饰有斜纹边缘，杯勺有花纹，酒器有装饰。这就更加奢侈了，而不臣服的方国有三十三个。夏王朝灭亡，殷商接受天下，所做的大辂，旗子上装有九条飘带，食器雕琢，杯勺刻镂，白色的墙壁和台阶，垫席织成花纹。这就更加奢侈了，而不臣服的方国有五十三个。君主都注重文彩华丽了，而愿意服从的越来越少。所以我说，节俭是治国的原则。"

"成由勤俭败由奢"，古代君主治理国家是如此，现代管理者管理企业亦是如此。

典型案例 1

管理者说："做什么预算，公司是盈利还是亏损，我心里有数，比谁都清楚！"

这，有什么问题吗？

正方：没问题

（1）管理者比谁都清楚企业的经营情况；

（2）管理者会看财务报表；

（3）管理者说了算，一切都听管理者的；

（4）你比管理者专业？他是管理者。

反方：有问题

（1）管理者不想面对现实；

（2）管理者不一定清楚如何做管理；

（3）管理者的认知度不够，所以觉得预算不重要；

（4）管理者缺少专业的顾问告诉他怎么做。

你觉得呢？

典型案例 2

"我们部门没法定工作计划及目标，谁都不知道今年有多少客户，要签多少合同，采购多少材料，开发什么样的产品。"

这，有什么问题吗？

正方：没问题

（1）真不知道今年客户要提什么需求，市场会是怎样；

（2）每月的工作内容大部分都是临时的，根本没法预计；

（3）连管理者都不知道今年能卖出多少产品。

反方：有问题

（1）这管理成熟度让人堪忧啊，目标都没有。

（2）现代管理学之父——彼得·德鲁克："不是有了目标才有工作，而是有了目标才能确定工作！"

请思考这两个问题：所在的企业有预算机制吗？是否知晓企业今年的目标？

预算与目标有什么关系？

目标是"道"，是方向，是想要的"未来的结果"。

预算是"术"，是支持实现"未来的结果"可利用的资源。

正如《大唐秦王词话》中所说："自古道：'三军未动，粮草先行。'兵精粮足，战无不胜。"要提前做好准备工作，兵马未动，粮草先行。

典型案例 3

企业明年赚不赚钱？员工明年加不加薪？

《武林外传》剧情如下：赛掌柜从佟掌柜的房间里拿出假账本，开始朗读："三月二十六日，酒水十八两四钱，菜肴二十三两五钱，净赚二十六两八钱……"

我们只看后面的——"净赚二十六两八钱"，这说明什么？生意赚钱了！

数字是怎么来的？统计出来的，计算得到的。如果不做数据统计，能否确定今年的营收、净利润？若已知以前的数据，能否预测下一年的营收和利润？

以前文的数据表为例，已知2019—2023年的数据，能否预测2024年的营收和净利润？

表3-3　2019—2023年的营收与净利润

类别	2019年	2020年	2021年	2022年	2023年	2024年
营业收入/万元	5000	6000	10000	7000	5200	?
净利润/万元	1600	2100	2560	1080	850	?

问：企业赚钱了，会给员工涨薪吗？

答：涨不涨、涨多少，谁都没法代替你的老板回答，但企业是否有涨薪的"实力"是大前提。"锅"里有，"碗"里才有。

以前文的数据表为例，已知2019—2023年的数据，2024年的人力成本总额预测是多少？

表3-4　2019—2023年的人力成本总额

类别	2019年	2020年	2021年	2022年	2023年	2024年
人力成本总额/万元	1800	2090	3480	4125	2860	?

人力成本总额包括五大类：

获得成本、开发成本、使用成本、保障成本、离职成本。

请思考：

假如对人力成本总额做预测，那么能不能预测出"明年涨薪多少"？

典型案例 4

预算有限，能不能成事？

匡衡勤奋好学，但家中没有蜡烛照明。邻家有灯烛，但光亮照不到他家。于是，匡衡就把墙壁凿了一个洞引来邻家的光亮，以此来读书。

从凿壁借光的故事中，我们可以学到什么？

第一，办法总比困难多，预算（资源）不足，必须要多想办法。

第二，困难会激发人解决问题的潜能。匡衡勤奋好学，后来成为西汉经学家，官至丞相。

本章小结

当我们用经营思维审视人力资源的工作时，就会发现，原来人力资源的各种措施，如招聘、薪酬、激励、培训以及开拓销售渠道等的实施，以终为始，一切旨为支撑"战略"落地。

我们建议HR在完成数据分析、诊断出问题后，带上解决方案。比起提出问题，老板更关注"怎么解决？"

人力资源数据分析也是"治未病"——帮助管理者未雨绸缪，诊断企业的经营和管理状况，降低经营和管理风险，提高决策的正确率。

HR DIGITAL TRANSFORMATION

第4章

人力资源数据分析的思路

做数据分析时，如何从杂乱无章的数据中厘清思路、发现规律呢？不要怕，有一些简单实用的方法可作为数据分析思路。

4.1 对比分析

对事物做对比并识别其中异同是常见的分析思路。对比分析法可直接明了地寻求事物之间有无差异。

做对比的时候，有一点需要注意，就是用来做比较的数据应有相同的单位或者相同的计算方法，不同类型的数据没法比较。

表4-1　1—5月A区域、B区域的离职情况

月份/月	A区域离职人数/人	B区域离职率/%
1	3	3%
2	5	5%
3	3	3%
4	2	2%
5	6	6%

将A区域的离职人数与B区域的离职率进行对比，数据单位并不统一。如果对比A区域和B区域的离职人数，就能很轻松对比了。

表4-2　1—5月A区域、B区域的离职人数

月份/月	A区域离职人数/人	B区域离职人数/人
1	3	2
2	5	1
3	3	1
4	2	5
5	6	1

正确的对比可以从以下六个角度入手：

① 与标杆对比

找到标杆，就相当于找到一个基准值，然后将同类数据与这个标杆值做比较。这样可以检验工作结果是否达到目标要求，实际值与目标值是否存在偏差。

表4-3　6月各员工的销售业绩完成情况

6月	销售额/万元	目标值/万元
员工A	100	50
员工B	50	50
员工C	20	50
员工D	40	50
员工E	10	50

② 按要素对比

要素，可以是不同的类别、项目等，以此分析差异，比如：

表4-4　企业在人才保留方面所面临的五大挑战（可多选）

离职因素	占比/%
薪酬缺乏外部竞争力	52
职业发展机会有限	47
工作、生活不能平衡	34
对工作地点和环境不满意	25
对工作内容不满意	21

表4-5　按学历分类

学历	专科
	本科
	硕士研究生
	博士研究生

表4-6 按行业分类

行业	餐饮
	金融
	高科技
	体育
	汽车
	房地产

表4-7 按岗位分类

岗位	销售经理
	产品经理
	运营经理

③按个体对比

表4-8 一季度食品价格趋势

类别	一季度价格趋势/%
猪肉价格	下降41.8
食用动物油价格	下降34.4
羊肉	下降3.5
鸡肉	下降2.3
淡水鱼	上涨10.4

④按团队对比

表4-9 不同部门的数据统计

部门	薪酬增长率/%
研发部	9.8
销售部	7.1
市场部	8.4

表4-10 不同层级的数据统计

层级	培训通过率/%
主管层	85
经理层	80
高管层	75

表4-11 不同小组的数据统计

小组	绩效平均分/分
A组	90
B组	84
C组	80

⑤按时间对比

表4-12 不同年份的入职人数统计

年份（年）	入职人数/人
2020	20
2021	19
2022	17
2023	20

表4-13 不同年份的离职数据统计

单位：人

类别	2021年	2022年	2023年
24岁以下	0	0	6
25—29岁	9	10	5
30—34岁	7	7	5
35岁以上	4	2	1
合计	20	19	16

在按时间进行的对比分析中，我们也可看到同比、环比。

- 同比：与历史同时期比较，如2023年5月与2022年5月相比；
- 环比：与上一个统计周期比较，如2023年5月与2023年4月相比。

> **具体表现**[①]：
>
> 一季度，国内生产总值同比增长4.5%，增速比上年四季度加快1.6个百分点，环比增长2.2%，也在加快。
>
> 一季度，社会消费品零售总额同比增长5.8%，上年四季度为下降2.7%；服务零售保持较快增长，其中餐饮收入增长13.9%。投资平稳增长，一季度，固定资产投资同比增长5.1%，与上年全年持平。其中，基础设施投资、制造业投资同比分别增长8.8%、7%。

⑥按空间对比

同地区比较：

表4-14 北京区域的销售业绩完成数据统计

北京区域	销售额完成率/%
员工A	200
员工B	76
员工C	25
员工D	162
员工E	95

与某地区比较：

表4-15 与本部的业绩对比数据统计

办事处区域	销售额相比本部增长/%
北京	8.76
南京	22.15
成都	6.70
昆明	10.22
贵阳	1.65

---

① 节选自《国家统计局新闻发言人就2023年一季度国民经济运行情况答记者问》，载国家统计局官网，https://www.stats.gov.cn/sj/sjjd/202304/t20230418_1938752.html，最后访问时间2024年9月23日。

4.2 分组分析

在统计分析中，分组分析法是基本方法之一。分组分析法的技巧在于，要先找到事物的共性，再划分成性质不同的群体。

把同级别数据对象按不同组别划分后再进行比较，这就是分组分析。在组织架构设计中就有用到分组分析。

分组的方式经常被用到，也经常会和其他的分析方法一起应用。

①按部门分组

表4-16 各部门的调薪幅度

部门	调薪幅度/%
生产部	7
销售部	10
市场部	10
信息部	8
行政部	5

②按流程分组

表4-17 不同环节的人员数量

流程	人数/人
售前人员	10
售中人员	20
售后人员	2

③按功能分组

表4-18 不同类型的企业数量

企业类型	数量/家
市场竞争类	400
公共服务类	100
特殊功能类	300

④按职级分组

表 4-19　不同的层级

管理层划分	决策层
	总监层
	经理层
	主管层

⑤按离职人员的司龄分组

表 4-20　不同司龄的人员离职情况

离职人员的司龄	被动离职/人	主动离职/人	总计/人
试用期	4	4	8
不满1年	3	8	11
1—3年	2	7	9
3年以上	2	3	5
总计	11	22	33

分组是寻找共性，然后在共性中寻找规律，也是验证是否存在"求同+存异"的过程。

4.3　比例分析

比例分析，是对总体的各个组成部分进行分析，通过分析成分发现规律。

表 4-21　办公费用的组成

序号	办公费用类别	费用占比/%
1	办公用品	22.1
2	水、电、物业费	10.8
3	饮用水	0.7
4	绿色植物	1.2
5	房租	57.2
6	电话费	8.0

用饼图显示结果：

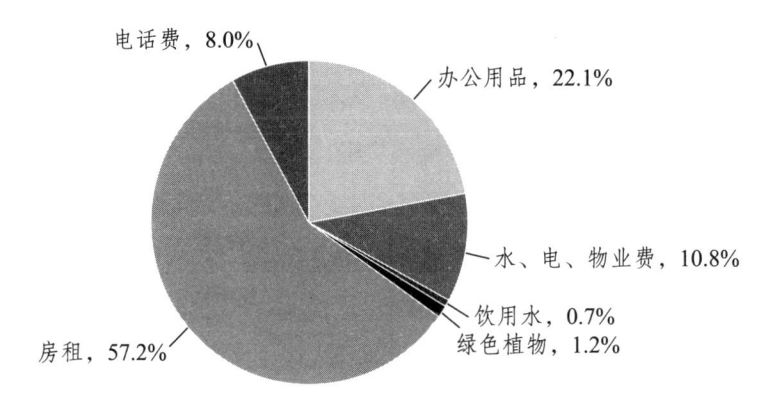

图 4-1　办公费用的组成

表 4-22　各部门期末人数

部门	期末人数/人	部门人数占比/%
产品部	9	10.47
开发部	33	38.37
销售部	4	4.65
测试部	4	4.65
市场部	9	10.47
运营部	27	31.39
总计	86	100.00

表 4-23　"所在工作单位有人鼓励我的发展"调研结果

工作单位有人鼓励我的发展	人数/人	占比/%
非常不赞同	1	1
不赞同	5	5
一般	37	34
赞同	45	41
非常赞同	21	19
总计	109	100

用饼图显示结果：

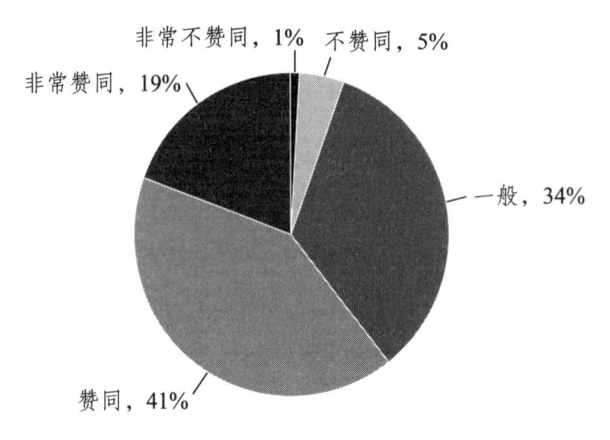

图4-2 "所在工作单位有人鼓励我的发展"调研结果

根据比例分布，检查数据是否合理。

4.4 平均数分析

平均数是数据分析的重要方法。使用平均数指标，可以了解数据表现的大体情况。

算术平均数：常用于描述正态分布（或近似正态分布）变量的平均水平。它可以反映数据的集中趋势，能反映全部观察值的平均水平。

$$\bar{X}=\frac{X_1+X_2+\cdots+X_n}{n}=\frac{\sum_{i=1}^{n}X_i}{n}$$

几何平均数：描述数据的集中趋势，用于非正态分布的数据。n个正数的几何平均数，就是这n个正数乘积的非负n次方根。

除此之外，还可以有以下平均数：对比率、指数等；平均发展速度；复利下的平均年利率；连续作业的车间其产品的平均合格率。

$$G_n=\sqrt[n]{\prod_{i=1}^{n}x_i}=\sqrt[n]{x_1 x_2 \cdots x_n}$$

中位数：统计学中又称中值，是按顺序排列的一组数据中居于中间位置的数，常用于描述这组数据的集中趋势。把所有的同类数据按照大小的顺序排列，如果数据的个数是奇数，则中间那个数就是这组数据的中位数；如果数据的个数是偶数，则中间那两个数的算术平均值就是这组数据的中位数。

众数：一组数据中出现次数最多的数值，有时众数在一组数中有好几个，是统计分布上具有明显集中趋势点的数值。若数据已归类，则出现频数最多的数据即为众数；若数据已分组，则出现频数最多的那一组的组中值为众数。

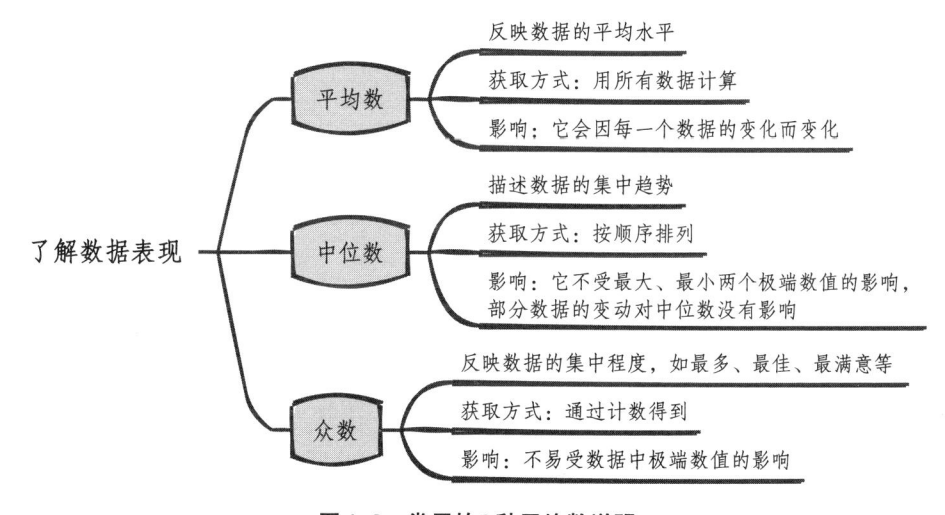

了解数据表现
- 平均数
  - 反映数据的平均水平
  - 获取方式：用所有数据计算
  - 影响：它会因每一个数据的变化而变化
- 中位数
  - 描述数据的集中趋势
  - 获取方式：按顺序排列
  - 影响：它不受最大、最小两个极端数值的影响，部分数据的变动对中位数没有影响
- 众数
  - 反映数据的集中程度，如最多、最佳、最满意等
  - 获取方式：通过计数得到
  - 影响：不易受数据中极端数值的影响

图4-3 常用的3种平均数说明

表4-24 求离职率的中位数

年份/年	离职率/%
2021	19.4
2020	11.9
2019	24.7
2018	21.5
2017	15.7
2016	18.3
2015	17.6
中位数	18.3

表 4-25　求总体平均年龄

部门	平均年龄/岁
部门1	31
部门2	30
部门3	29
部门4	36
部门5	31
部门6	33
部门7	28
总体平均年龄	31

4.5　属性分析

属性分析法是根据数据对象自身的属性对数据进行分类与统计分析。属性可以是区域、年龄、性别、学历等。

表 4-26　按年龄段划分

年龄段	人数/人
70后	20
80后	60
90后	70
95后	30
总计	180

表 4-27　按学历划分

学历	人数/人
研究生	15
本科	120
大专	32
总计	167

表 4-28　按新产品划分

新产品	销售额/万元
产品 A	100
产品 B	19
产品 C	515
产品 D	161
总计	795

表 4-29　按离职类型划分

离职类别	人数/人
被动离职	30
主动离职	40
合计	70

4.6　排位分析

排位分析法，是根据数据的表现分析，构造出"排位"，对数据进行排序。

表 4-30　各部门员工年度销售额与排名

部门	姓名	年度销售额/万元	排名
部门 G	员工 A	163	4
	员工 B	256	3
部门 H	员工 C	591	1
	员工 D	383	2
部门 I	员工 E	50	6
	员工 F	80	5
总计		1523	—

表 4-31　各部门销售业绩统计

部门	部门销售额/万元	占比/%	排名
部门 G	419	27.51	2
部门 H	974	63.95	1
部门 I	130	8.54	3
总计	1523	100	—

按离职原因调查结果排序：

表4-32　员工离职的常见原因

序号	离职原因
A	找到新工作
B	不满于现实的薪酬福利
C	家庭因素、现实生活因素
D	职业发展规划有变
E	不适应企业文化、相关制度、管理模式
F	工作压力大、加班强度高、身体出现问题
G	不适应长期出差安排
H	不适应办公环境
I	不符合工作要求，被动离职
J	其他个人因素

年度薪酬成本数据的占比和排名：

表4-33　年度薪酬成本明细

职级	姓名	年度薪酬/元	排名
专员	员工A	66000	6
专员	员工B	71000	5
专员	员工C	120000	3
专员	员工D	80000	4
经理	员工E	200000	1
主管	员工F	160000	2
总计		697000	—

表4-34　总薪酬成本分布

职级	总薪酬/元	占比/%	排名
经理	200000	28.69	2
主管	160000	22.96	3
专员	337000	48.35	1
总计	697000	100	—

4.7 指标分析

指标分析法，是根据人力资源的各项指标，对企业经营管理情况进行分析和评价。

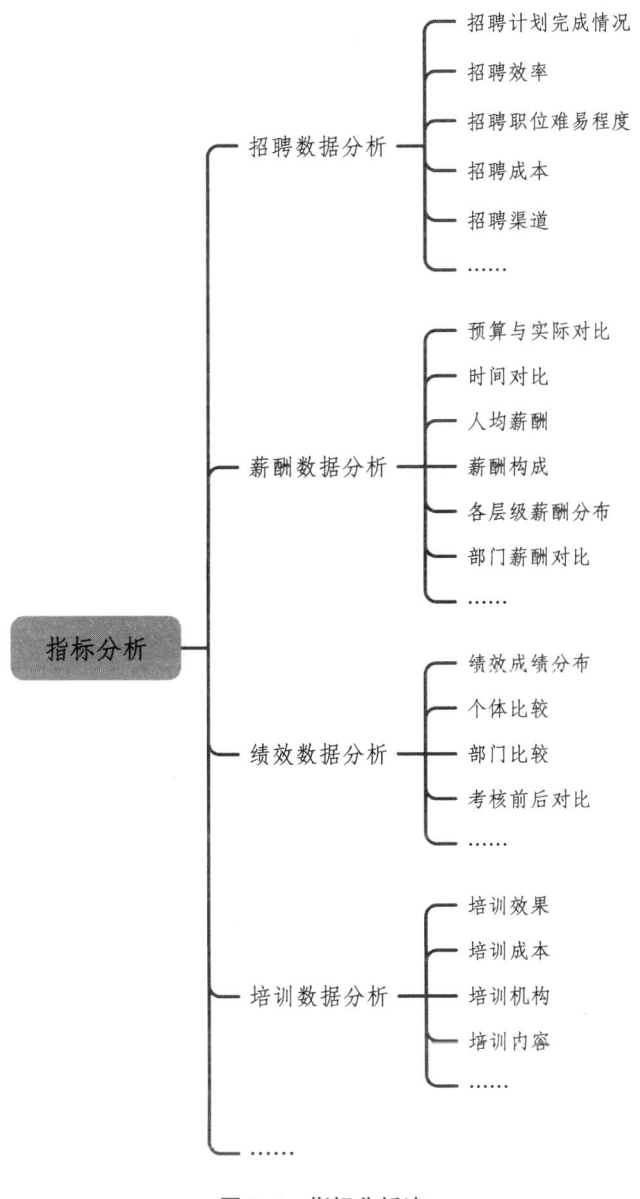

```
                        ┌─ 招聘计划完成情况
                        ├─ 招聘效率
              招聘数据分析 ┼─ 招聘职位难易程度
                        ├─ 招聘成本
                        ├─ 招聘渠道
                        └─ ……

                        ┌─ 预算与实际对比
                        ├─ 时间对比
                        ├─ 人均薪酬
              薪酬数据分析 ┼─ 薪酬构成
                        ├─ 各层级薪酬分布
    指标分析 ─┤           ├─ 部门薪酬对比
                        └─ ……

                        ┌─ 绩效成绩分布
                        ├─ 个体比较
              绩效数据分析 ┼─ 部门比较
                        ├─ 考核前后对比
                        └─ ……

                        ┌─ 培训效果
                        ├─ 培训成本
              培训数据分析 ┼─ 培训机构
                        ├─ 培训内容
                        └─ ……

              ……
```

图4-4　指标分析法

4.8 预测分析

预测分析法指对未来趋势进行预测分析，即根据已知预测未知，根据过去和现在预测将来。

未来总是充满不确定性，为了减少决策的盲目性、降低不确定性带来的风险、让管理者的决策更正确，需要提前做预测分析。

预测分析大致可分为两类。

（1）定性分析

即基于经验和知识对未来的判断，在调查研究的基础上，依靠预测人员的经验和知识，对预测对象进行分析和判断，得出预测结论的方法。

（2）定量分析

即对收集的数据进行计算分析。根据过去比较完整的统计资料，运用预测变量之间存在的某种关系，如时间关系、因果关系和结构关系等，使用现代数学的方法，如平滑指数法、算术平均法、加权平均法、回归分析法、投入产出法等建立模型，计算分析，得出预测结果。

用上文中的离职率来举例，已知往年的离职率，次年的离职率预计是多少？

表4-35 对离职率做预测

年份/年	离职率/%
2017	17.6
2018	18.3
2019	15.7
2020	21.5
2021	24.7
2022	11.9
2023	19.4
2024	?

已知往年的销售额数据，次年的销售额预计是多少？

表 4-36　对销售额做预测

年份/年	销售额/万元
2019	4000
2020	6000
2021	10000
2022	7000
2023	5000
2024	?

已知往年的人力成本数据，次年的人力成本总额预算是多少？

表 4-37　对人力成本总额做预测

年份/年	人力成本总额/万元
2019	920
2020	1200
2021	2500
2022	2100
2023	2000
2024	?

表 4-38　用平滑指数法计算销售增长率

	2019年	2020年	2021年	2022年	2023年	2024年
销售额/万元	4000	6000	10000	7000	5000	5000*（1+X）
增长率/%	—	50.00	66.67	-30.00	-28.57	X
用平滑指数法计算得到2024年增长率（X）	X=［(50.00%+66.67%-30.00%)/3］*α+(-28.57%)*β，其中α+β=1					

本章小结

做数据分析时，如何从杂乱无章的数据中厘清思路、发现规律呢？有一些简单实用的方法可作为数据分析思路。各种分析方法经常会叠加应用。

对比分析：通过对比识别其中异同。

分组分析：在共性中寻找规律，是"求同+存异"的过程。

比例分析：分析其构成以寻找规律。

平均数分析：了解数据表现的大体情况。

属性分析：根据数据自身的属性进行分类与统计分析。

排位分析：对数据进行排序。

指标分析：参考各相关指标的结果数据。比如，根据人力资源的各项指标，对企业的经营管理情况进行分析和评价。

预测分析：根据已知预测未知，根据过去和现在预测将来。

为了寻找规律，分析方法是"术"，"术"的选择可以多种多样。

HR DIGITAL TRANSFORMATION

第 5 章

人力资源数据分析的处理工具

这是一个关于各部门员工不同性别的人数统计表，内容比较简单：

表5-1 各部门员工性别的人数统计

单位：人

部门	男	女	总人数
部门A	37	10	47
部门B	31	25	56
部门C	12	14	26
部门D	6	20	26

这张表格只看数字的话，也能发现规律，但有没有办法帮助我们快速完成分析，让规律一目了然地显示出来呢？如何实现呢？

我们再看这张图：

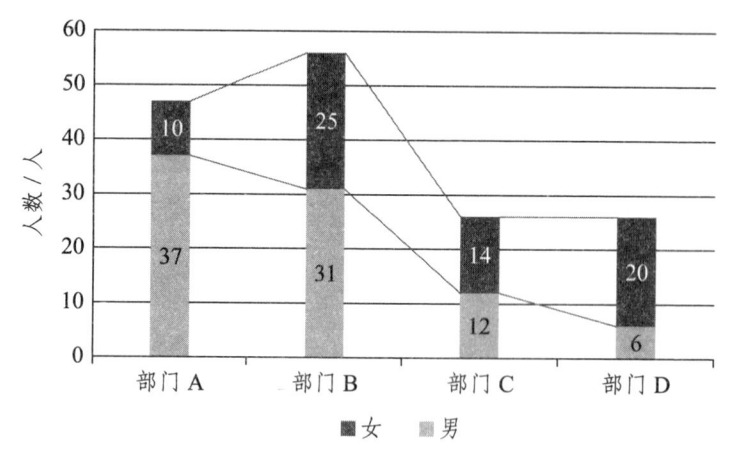

图5-1 各部门员工性别分布

规律很清晰：

- 总人数：部门B最多，部门C、部门D最少
- 男员工人数：部门A最多，部门D最少
- 女员工人数：部门B最多，部门A最少

综上，用Excel自身的图表——堆积柱形图就能帮我们轻松完成数据分析。

如果还想再对比一下各部门的男员工数量，可以再试试饼图：

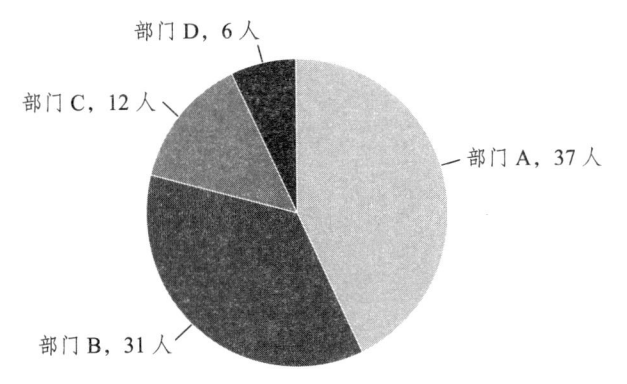

图5-2　各部门男员工分布

- 各部门的男员工人数：部门A最多

本章将对常用的数据分析工具进行介绍：

- Excel数据分析图表
- Excel数据分析函数
- Excel数据透视表与切片器
- 甘特图

5.1　Excel数据分析图表

Excel作为常用的办公软件，除了被用来做数据分析之外，它自身的图表也很丰富，可以快速建立图表，让数据展示得更直观、更吸睛，对后期做分析报告也非常有帮助。

具体表现：
- √ 与公司、行业标识风格一致
- √ 统一配色、字体、布局
- √ 保持图表的简洁性，减少干扰
- √ 注重细节，传递观点

在Excel里，选中数据表，打开插入，然后选择全部图表。

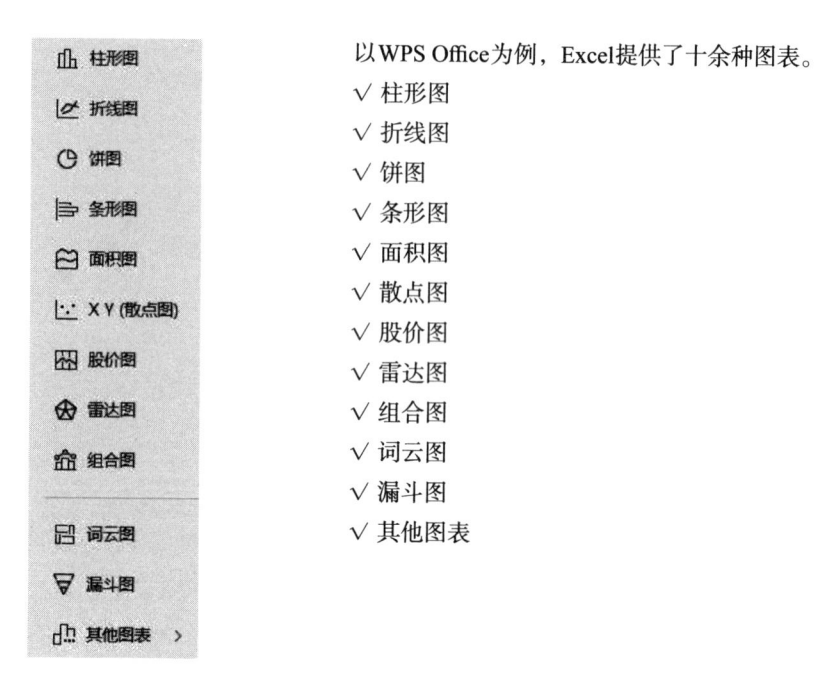

以WPS Office为例，Excel提供了十余种图表。
√ 柱形图
√ 折线图
√ 饼图
√ 条形图
√ 面积图
√ 散点图
√ 股价图
√ 雷达图
√ 组合图
√ 词云图
√ 漏斗图
√ 其他图表

图5-3　Excel里的图表类型

图表的类型很丰富，到底该选择柱形图、折线图、饼图、雷达图还是其他图呢？

首先，不同的图表有着不同的特性；其次，可更改图表类型，为数据搭配与其相适应的展现方式；最后，多实践，感受不同图表带来的不同效果。

以下具体看几种图表的应用。

（1）学历分布统计表

表5-2　各部门员工学历分布的情况

单位：人

部门	大专	本科	硕士研究生
部门A	12	25	10
部门B	13	20	5
部门C	10	15	1
部门D	2	14	10

用3种类型分别显示。

【柱形图】

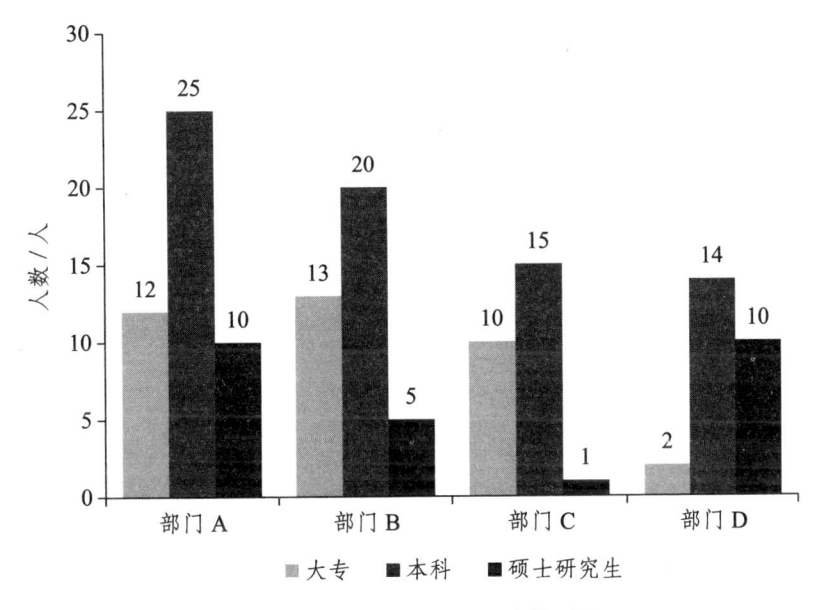

图5-4 各部门员工学历分布柱形图

【折线图】

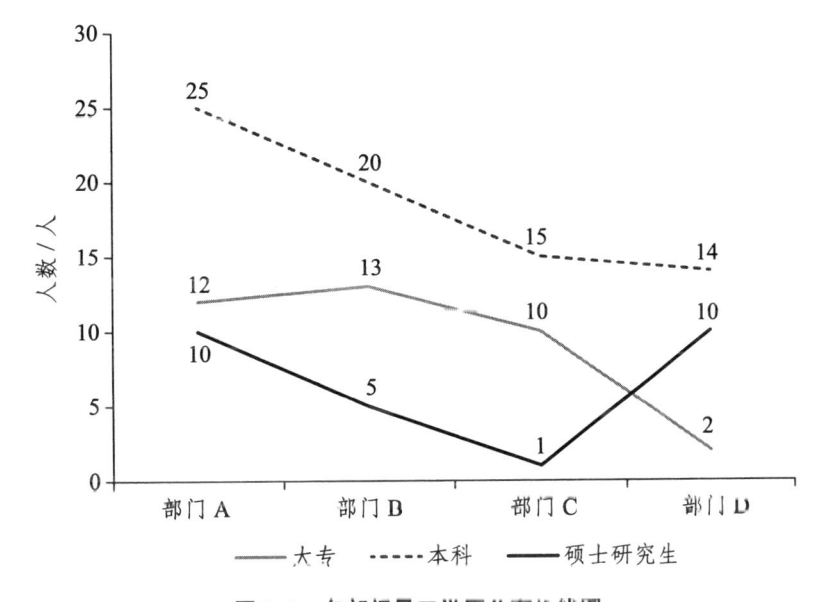

图5-5 各部门员工学历分布折线图

【条形图】

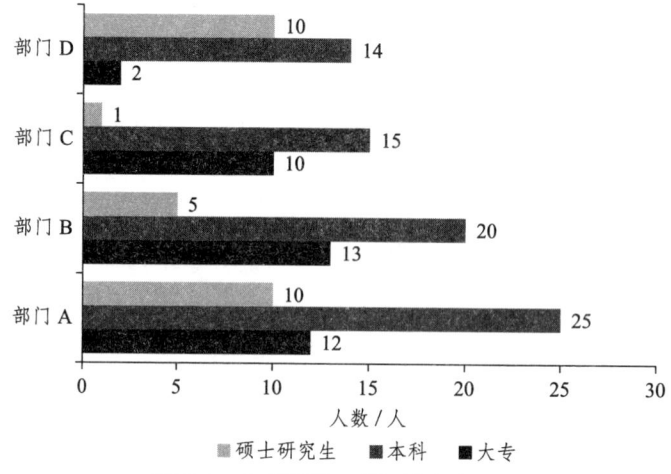

图5-6　各部门员工学历分布条形图

哪一种类型更适合来呈现部门人员结构数据呢？

- 都行
- 柱形图
- 折线图
- 条形图
- 还可以试试其他的图

（2）堆积柱形图和百分比堆积柱形图的区别

以柱形图为例，Excel自身提供的柱形图类型有3种。

【簇状柱形图】

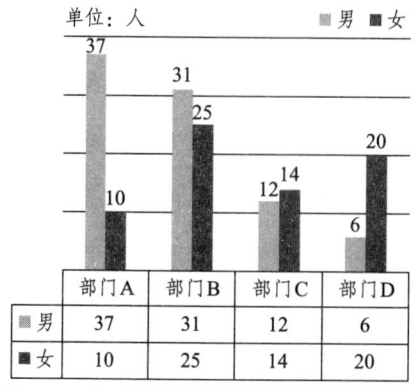

	部门A	部门B	部门C	部门D
男	37	31	12	6
女	10	25	14	20

图5-7　各部门员工性别分布簇状柱形图

【堆积柱形图】

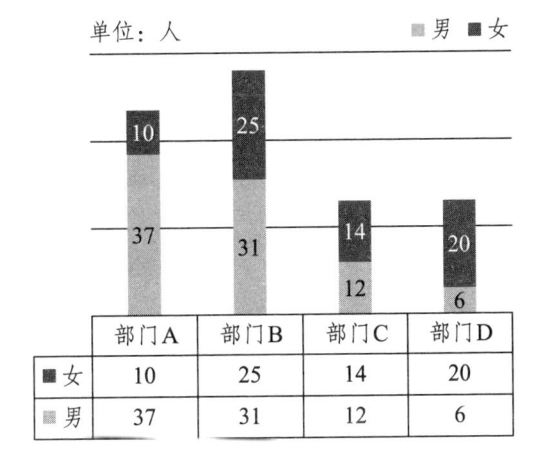

图5-8 各部门员工性别分布堆积柱形图

	部门A	部门B	部门C	部门D
女	10	25	14	20
男	37	31	12	6

【百分比堆积柱形图】

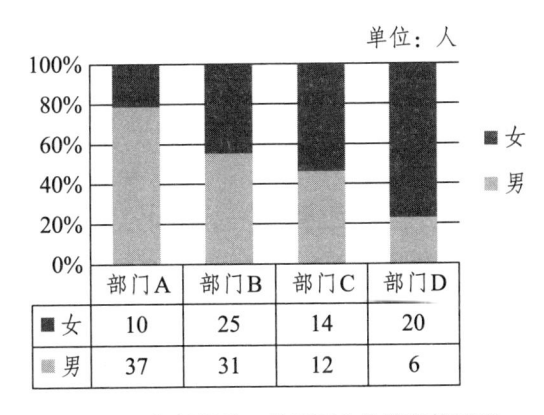

图5-9 各部门员工性别百分比堆积柱形图

	部门A	部门B	部门C	部门D
女	10	25	14	20
男	37	31	12	6

柱形总值为100%－男员工＋女员工的人数比例叠加。

（3）数据随时间变化的图表

表5-3 本年度各月离职人数统计

月份/月	1	2	3	4	5	6	7	8	9	10	11	12
离职人数/人	1	2	10	7	4	5	0	4	6	4	4	3

用柱形图，还是折线图？

【柱形图】

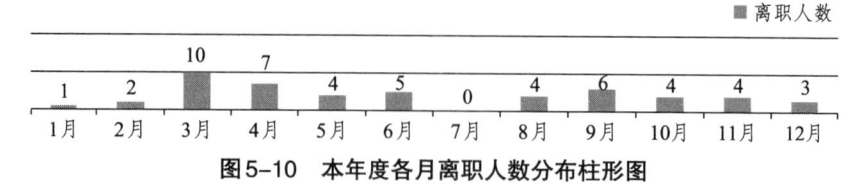

图5-10　本年度各月离职人数分布柱形图

【折线图】

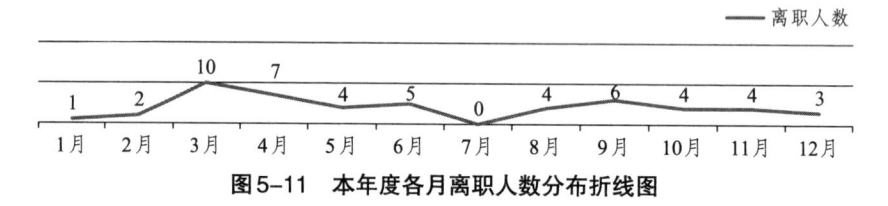

图5-11　本年度各月离职人数分布折线图

其实，相比于柱形图，折线图更适合呈现数据随时间变化的趋势。

（4）条形图和柱形图的对比

企业历年的毛利润统计表：

表5-4　企业2019—2023年毛利润统计

年份	2019年	2020年	2021年	2022年	2023年
毛利润/万元	3466	-466	1741	3632	5741

在这个表中，数据有正有负，除可以用条形图呈现外，用柱形图呈现的效果也不错。

【条形图】

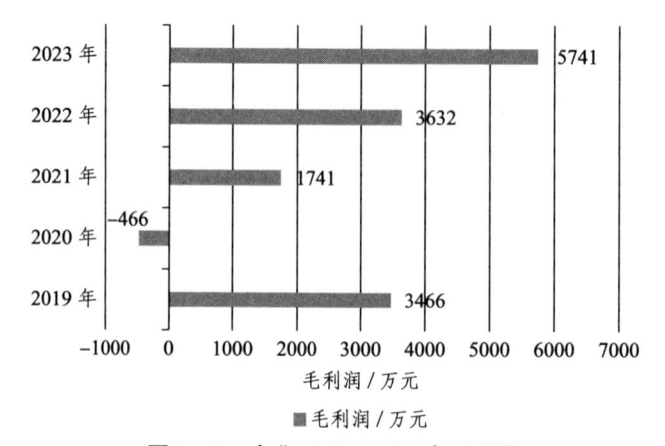

图5-12　企业2019—2023年毛利润

【柱形图】

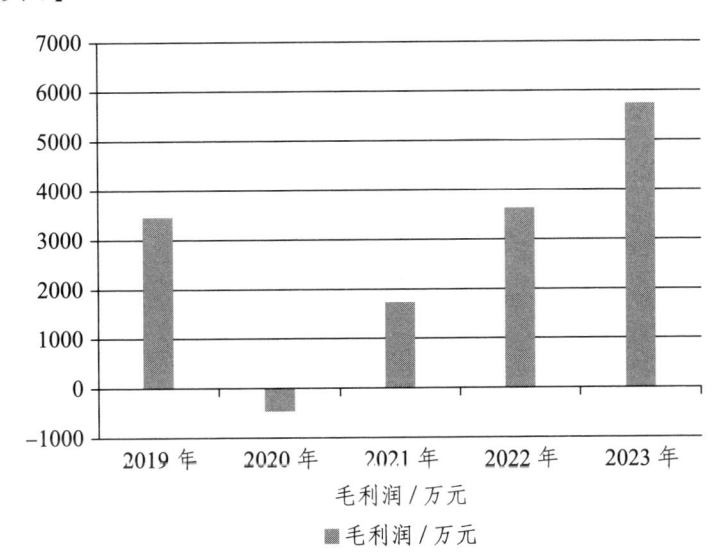

图5-13　企业2019—2023年毛利润

那么，条形图与柱形图，该如何选择呢？

条形图有个优势，因为其是横向排列，更适合展示有正有负的数据。

另外，如果名称比较长、数量比较大的话，用条形图展示也完全无压力，例如：

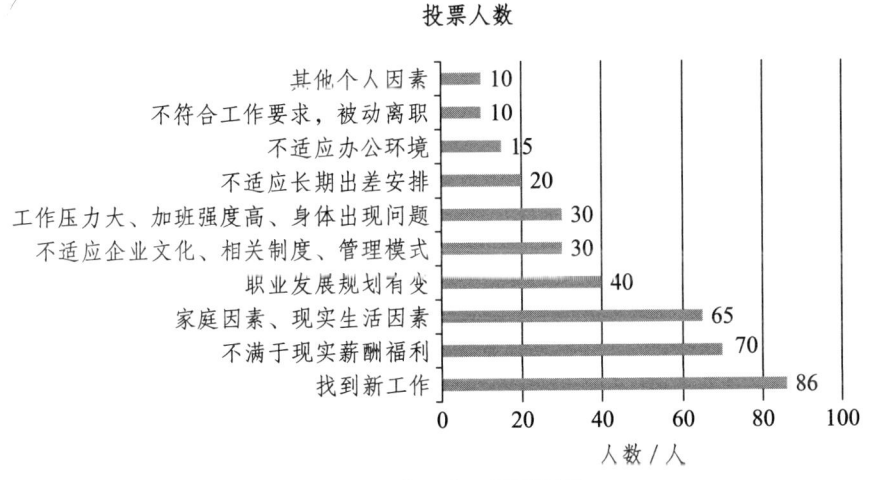

投票人数

离职原因	人数
其他个人因素	10
不符合工作要求，被动离职	10
不适应办公环境	15
不适应长期出差安排	20
工作压力大、加班强度高、身体出现问题	30
不适应企业文化、相关制度、管理模式	30
职业发展规划有变	40
家庭因素、现实生活因素	65
不满于现实薪酬福利	70
找到新工作	86

图5-14　关于离职原因调研

（5）数据趋势有变化，量也有变化

销售额统计数据表：

表5-5 1—7月A区、B区的销售额统计

单位：万元

月份/月	A区	B区
1	1840	1200
2	1520	1300
3	468	400
4	3920	3000
5	1240	1500
6	8900	8000
7	7460	7000

以下分别用不同的面积图来呈现数据：

- A区销售额：面积图。
- A区、B区销售额：面积图。
- A区、B区销售额：堆积面积图。
- A区、B区销售额：百分比堆积面积图。

堆积，实际是累加总计。从这4个效果图中是否能清晰看到数据的变化呢？

A区销售额（单位：万元）

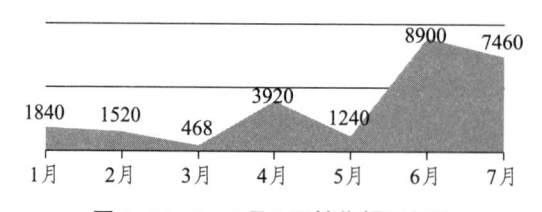

图5-15 1—7月A区销售额面积图

A区、B区销售额（单位：万元）

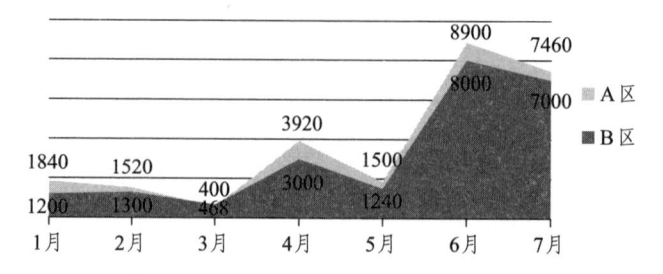

图5-16 1—7月A区、B区销售额面积图

A区、B区销售额（单位：万元）

	1月	2月	3月	4月	5月	6月	7月
B区	1200	1300	400	3000	1500	8000	7000
A区	1840	1520	468	3920	1240	8900	7460

图5-17　1—7月A区、B区销售额堆积面积图

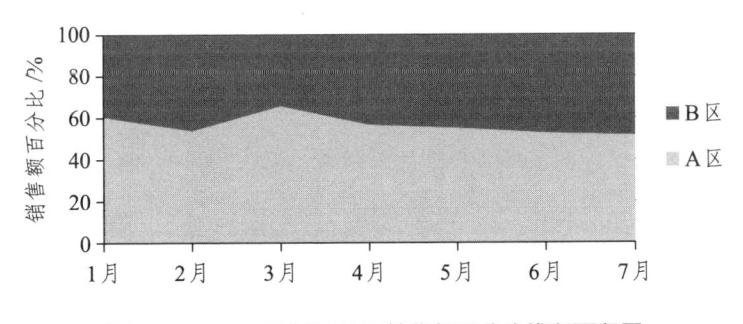

图5-18　1—7月A区、B区销售额百分比堆积面积图

（6）变量不止一个

表5-6是关于人数和销售额的数据表，试分析人数与销售额之间有什么规律。

表5-6　人数与销售额的数据统计

人数/人	销售额/万元
150	7840
100	5020
70	3468
60	2520
40	1240
35	1300
30	960

分析两个变量之间的关系，可以用散点图展示（X轴是人数，Y轴是销售额）。

【带平滑线和数据标记的散点图】

散点图可以为分析两个变量的最佳组合提供最优解。

如果有3个变量（如表5-7所示）人数、销售额、利润，它们之间有什么规律呢？

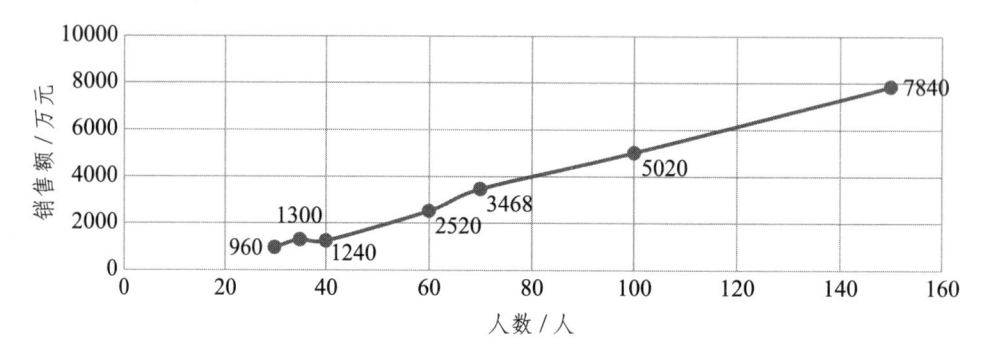

图5-19 人数与销售额的数据关系

表5-7 人数、销售额及利润的数据统计

人数/人	销售额/万元	利润/万元
150	7840	2038
100	5020	2510
70	3468	867
60	2520	655
40	1240	372
35	1300	260
30	960	96

分析3个变量之间的关系，可以用气泡图展示。

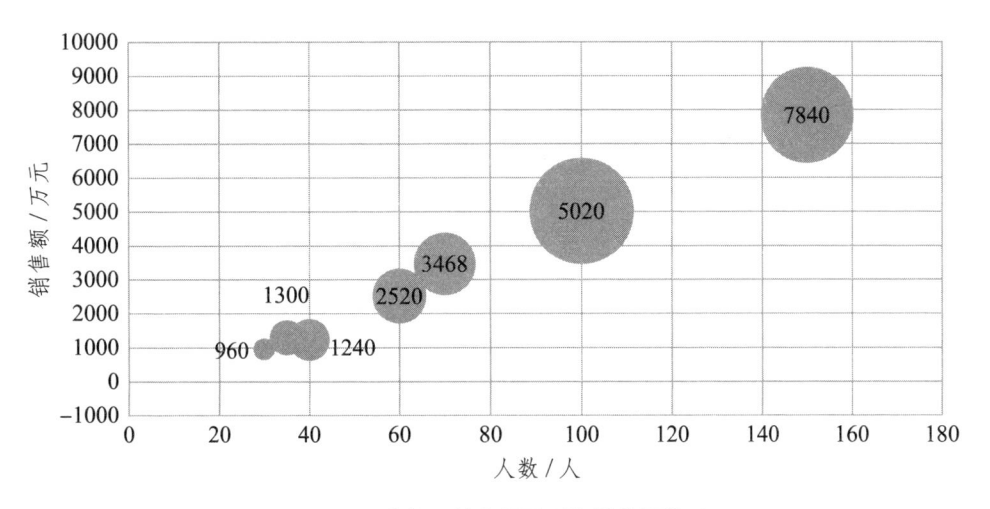

图 5-20　人数、销售额及利润的数据关系

最大的气泡表示最高利润值。人数为100人、销售额为5020万元时，利润值最高，达到2510元。人数是150人时，利润反而下降。

分析3个变量的关系时，可以根据气泡的大小快速判断数据项目的分布，了解哪些问题需要改进和调整、哪些好的效果可以继续保持。

（7）多项数据对比

表5-8来自能力模型的部分数据：

表5-8　能力素质与等级要求

能力素质	等级要求
敬业精神	5
沟通能力	4
执行力	3
责任心	2
影响力	2
归纳能力	3

用填充雷达图呈现能力模型，如图5-21所示：

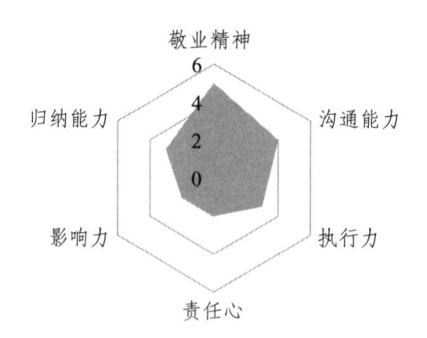

图5-21 能力素质与等级要求填充雷达图

呈现哪个员工的能力更强，如图5-22所示：

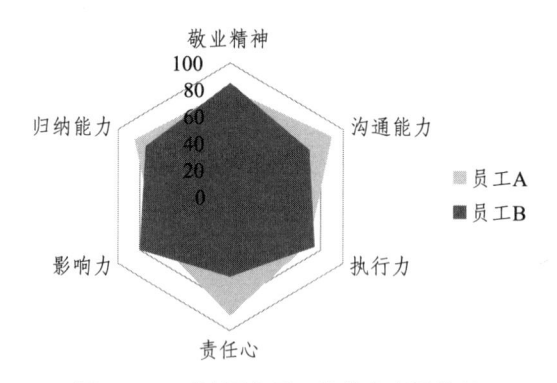

图5-22 对比两个员工的能力素质等级

用雷达图呈现调查结果，如图5-23所示：

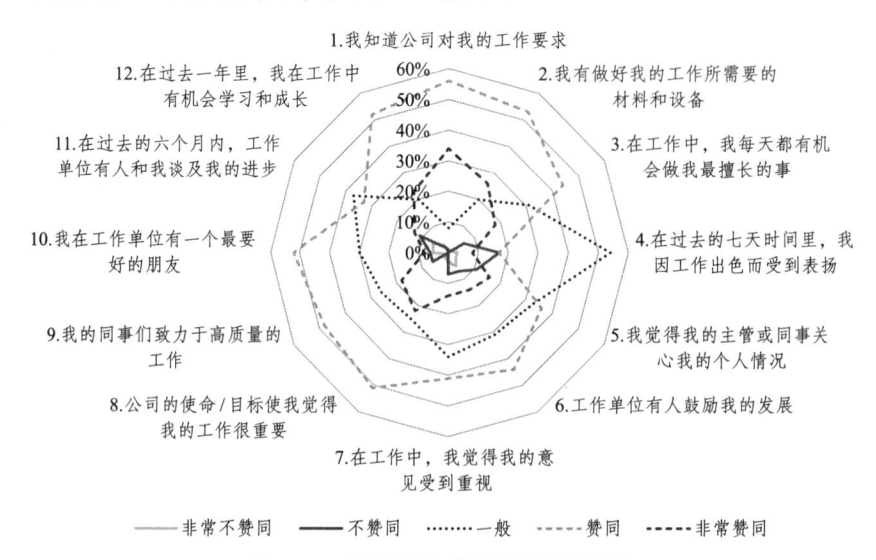

图5-23 调查问卷的结果展示雷达图

雷达图通常用于多项数据的对比，根据闭环图轮廓的扩张程度，可以快速了解数值的高低、大小。

（8）数据值使用不同的单位，如表5-9所示：

表5-9　2019—2023年离职情况的数据统计

年份（年）	离职人数/人	离职率/%
2023	13	13
2022	15	15
2021	13	13
2020	12	12
2019	16	16

用组合图表示，如图5-24所示：

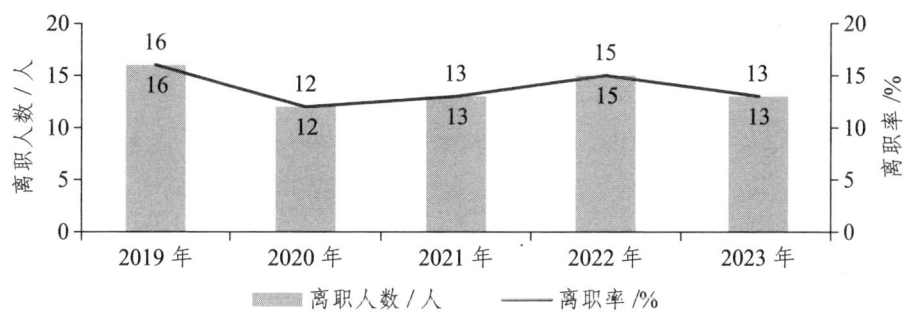

图5-24　2019—2023年离职情况

组合图是将不同类型的图形进行组合，在X轴、Y轴上呈现。

使用组合图的时候需要注意对次坐标轴的设置，也就是图表次坐标轴显示哪一系列。

图5-25　设置次坐标轴

（9）图表是否可以再"炫酷"一点

图表的文字、颜色等样式，都是可以调整的。

表 5-10 中的数据是各部门的男员工人数。

表 5-10　各部门男员工人数

部门	男员工人数/人
部门 A	37
部门 B	31
部门 C	12
部门 D	6

用饼图来呈现，如图 5-26 所示：

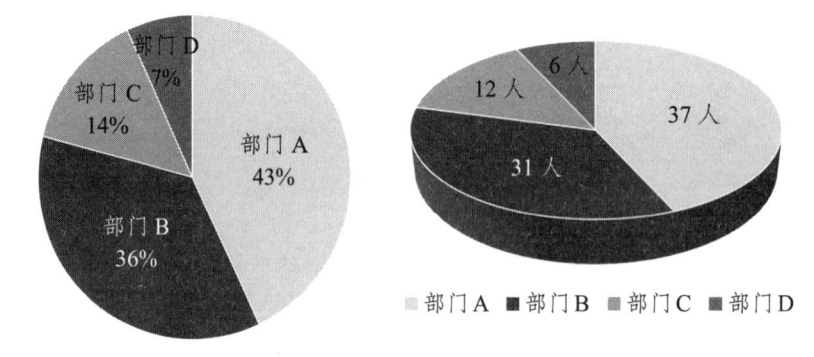

图 5-26　男员工人数分布

同样是饼图，一个是二维的，另一个是三维的。

选哪个好呢？三维的看起来更"炫酷"。

第 1 个饼图就挺好，已简单明了地呈现出男员工在各部门的分布情况。

但是图表的核心价值是展示数据，所以降低理解成本很重要，要让管理者能看得懂，让客户能理解，同时还要关注阅读体验。扇区按顺时针方向从大到小排列，阅读体验最佳。

Excel 提供了动态图表模板，数据展示时图形可以随着数据的变化而变化，看起来有动画的效果，让数据的呈现方式更灵活。

除了动态图表模板之外，还可通过 Excel 的表单控件和函数设计出具有动态效果的图表。

5.2 Excel数据分析函数

在处理原始数据的时候，需要对表格里的数据进行筛选、计算等处理。如果会使用函数，一个公式也许就能把我们从大量烦琐的工作中解脱出来，大大提高工作效率。

本节整理了数据分析的常用函数，每个函数的具体使用方法可查看Excel自带的使用教程。

（1）计数

表5-11　常用计数相关的函数

计数		
COUNT	返回包含数字的单元格以及参数列表中的数字的个数	COUNT（数值1，……）
COUNTA	返回参数列表中非空单元格的个数	COUNTA（数值1，……）
COUNTIF	计算区域中满足给定条件的单元格的个数	COUNTIF（区域，条件）
COUNTIFS	计算多个区域中满足给定条件的单元格的个数	COUNTIFS（区域，条件，……）

（2）排序

表5-12　常用排序相关的函数

排序		
RANK	返回某数字在一列数字中相对于其他数值的大小排名	RANK（数值，引用，[排位方式]）
MEDIAN	返回给定数值集合的中值	MEDIAN（数值1，……）
MAX	返回参数列表中的最大值，忽略文本值和逻辑值	MAX（数值1，……）
MIN	返回参数列表中的最小值，忽略文本值和逻辑值	MIN（数值1，……）

（3）求和

表5-13　常用求和相关的函数

求和		
SUM	返回某一单元格区域中所有数值之和	SUM（数值1，……）
SUMIF	对满足条件的单元格求和	SUMIF（区域，条件，[求和区域]）
SUMIFS	对区域中满足多个条件的单元格求和	SUMIFS（求和区域，区域1，条件1，……）
SUMPRODUCT	在给定的几组数组中，将数组间对应的元素相乘，并返回乘积之和	SUMPRODUCT（数组1，……）

（4）平均

表5-14　常用求平均相关的函数

平均		
AVERAGE	返回所有参数的平均值（算术平均值）	AVERAGE（数值1，……）
AVERAGEA	返回所有参数非空值的平均值	AVERAGEA（数值1，……）
AVERAGEIF	返回某个区域内满足给定条件的所有单元格的算术平均值	AVERAGEIF（区域，条件，[求平均值区域]）
AVERAGEIFS	返回满足多重条件的所有单元格的算术平均值	AVERAGEIFS（求平均值区域，区域1，条件1，……）

（5）引用与查找

表5-15　常用引用与查找相关的函数

查找		
VLOOKUP	在表格或数值数组的首列查找指定的数值，并由此返回表格或数组当前行中指定列处的数值	VLOOKUP（查找值，数据表，列序数，[匹配条件]）
HLOOKUP	在表格或数值数组的首行查找指定的数值，并由此返回表格或数组当前列中指定行处的数值	HLOOKUP（查找值，数据表，行序数，[匹配条件]）
INDEX	返回数据清单或数组中的元素值，此元素由行序号和列序号的索引值给定	INDEX（数组，行序数，[列序数]，[区域序数]）
MATCH	返回在指定方式下与指定项匹配的数组中元素的相应位置	MATCH（查找值，查找区域，[匹配类型]）

5.3 Excel数据透视表与切片器

（1）透视表

从花名册中的人员结构基础信息表中得到表5-16中的数据有几种方法？

表5-16 人员结构基础信息表

单位：人

部门	10年以上	6—9年	4—5年	1—3年	研究生学历	本科学历	大专学历
部门1	1	7	27	25	3	55	2
部门2	1	2	5	10	2	12	4
部门3	0	5	20	22	2	39	6
部门4	5	2	12	10	3	23	3
部门5	2	3	15	15	4	25	6
部门6	1	1	1	8	1	3	7
总计	10	20	80	90	15	157	28

除了用Excel里的"筛选"计数和函数公式计算这两种方法之外，还有其他的方法吗？**有，数据透视表。**

（2）数据透视表

数据透视表是一种交互式的表，可以进行求和、计数等计算；可调整行、列的字段、值、筛选条件等完成数据分析；也可调整数据透视表区域的显示样式、名称等。每一次改变版面布置，数据透视表都会立即按照新的布置重新计算数据。当原始数据发生变化时，就需要更新数据透视表。

用数据透视表可轻松实现数据的统计与分析：①选择要处理的原始数据表，先用CTRL+T将其转换为超级表。②点击Excel菜单，"插入——数据透视表"，选择放置数据透视表的位置。

表5-17　各部门员工学历层次

单位：人

部门	研究生	本科	大专
部门1	3	55	2
部门2	2	12	4
部门3	2	39	6
部门4	3	23	3
部门5	4	25	6
部门6	1	3	7
总计	15	157	28

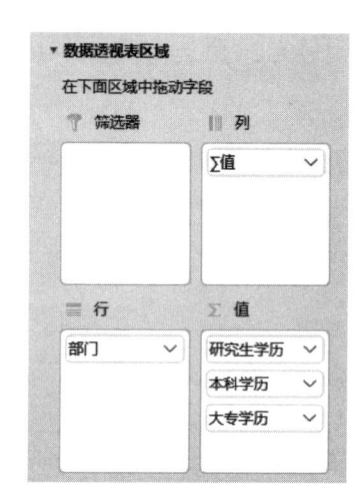

图5-27　数据透视表区域截图

（3）切片器

有大量数据需要做筛选时，可以用一个"利器"——切片器。

切片器是一种方便的筛选工具，但需要在数据透视表或者超级表中使用。一个切片器可控制多个透视表，实现数据的动态展示。

点击数据透视表的任意位置，然后选择Excel上方菜单，"分析——插入切片器"。

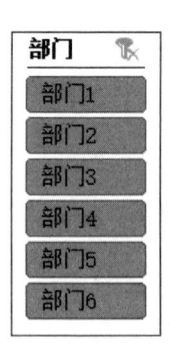

图5-28　切片器（部门）

如果基于同一个源数据表创建了多个透视表，用切片器中的"报表连接"就可以同时控制这几个表，实现图表的联动。

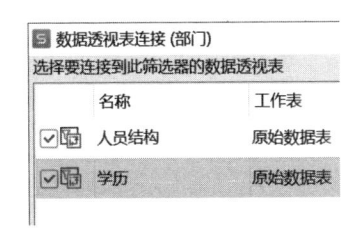

图 5-29 数据透视表连接（部门）

（4）数据仪表盘

数据透视表与切片器搭配使用，不仅可以让数据规律更加清晰、直观，还可以与其他的组件一起制作出动态的数据仪表盘。

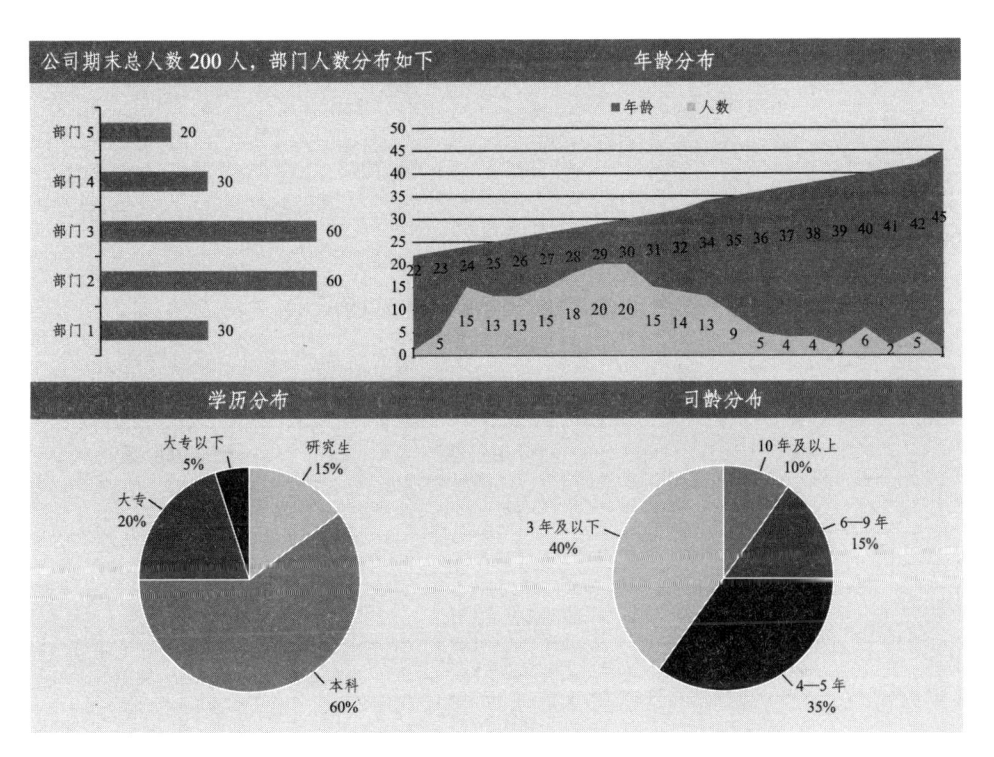

图 5-30 年末人员结构

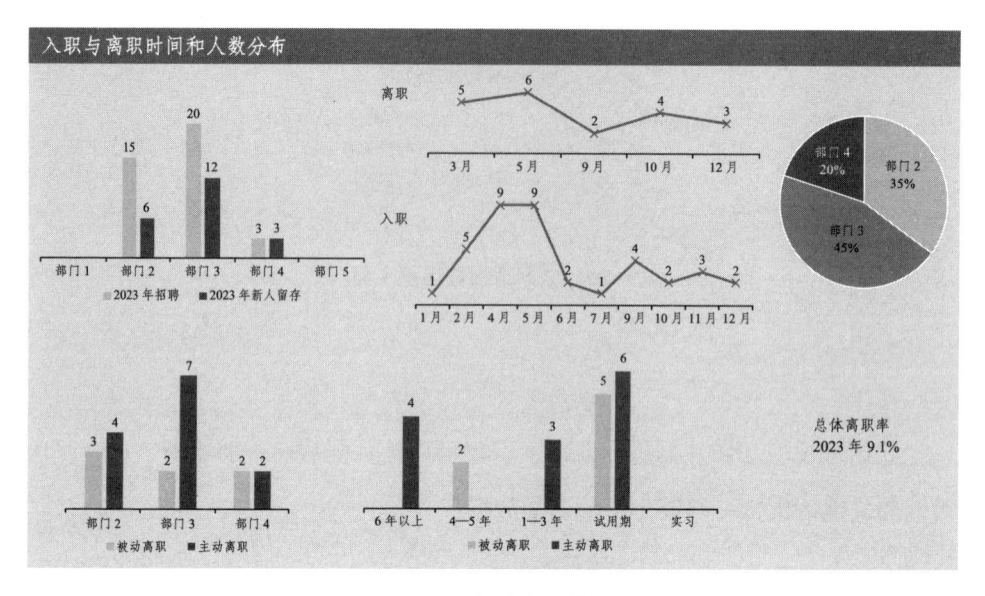

图 5-31　年度离职情况

5.4　甘特图

假设6月一共有7项活动要完成，具体如表5-18所示：

表5-18　6月安排了7项活动待开展

活动	开始日期	计划工期/天
1	6月1日	4
2	6月6日	20
3	6月13日	2
4	6月15日	7
5	6月20日	4
6	6月22日	3
7	6月27日	7

借助一个工具展示，效果如图5-32所示：

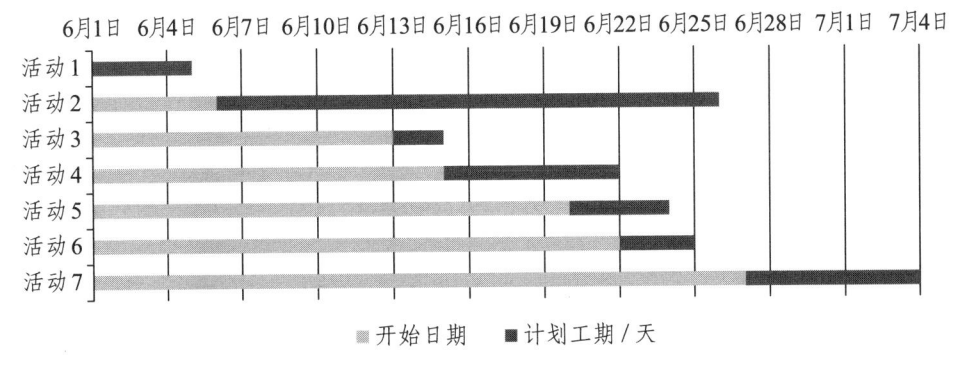

图 5-32　6 月活动规划表

条形图展示了项目的顺序与持续时间，横轴表示时间，纵轴表示工作项目，看起来更有逻辑感且足够简单、清晰，可以看到有哪些活动待做、时间顺序是怎样的、分别需要多少时间。

上图就是用 Excel 里的堆积条形图快速绘制的甘特图。

甘特图（Gantt Chart）是一种项目管理工具，是用于项目规划和进度跟踪的视觉表示方法。

甘特图这个工具很容易使用，还可以体现比上图更丰富的内容，如计划工期、计划开始时间、实际开始时间、完成百分比、超出计划工期等，它可以直观地展示项目的工期、进度、完成情况……计划何时进行等，进展与目标的对比一目了然。

甘特图可方便管理者统筹规划，做计划、跟进度、拿结果。

甘特图的主要优点在于其直观性，使得团队成员、项目经理和其他利益相关者都能清晰地了解项目进度和时间表。它特别适用于那些具有明确开始和结束点，以及可分解为多个子任务的项目。

在甘特图中，可以轻松看到：

- 任何给定时间内正在工作的任务
- 每个任务的进度情况（可用不同颜色表示）
- 项目整体的进度
- 哪些任务是同时进行的

- 任务之间的依赖关系和先后顺序

现代的甘特图软件通常内置于各类项目管理工具中，能够实时更新任务完成状态，并自动调整时间条以反映项目的实际进展。

5.5 其他专业工具

除上述提到的工具外，我们还可以考虑使用市场上提供的数据可视化软件。这些软件通常具备强大的付费功能，包括统计分析、可视化展示以及方便快捷的共享功能。这些功能能够帮助用户进行更加高效的数据处理与操作。

本章小结

Excel作为常用的办公软件，除了被用来做数据分析之外，它自身的图表也很丰富，可以快速建立图表，让数据展示得更直观、更吸睛，对后期做分析报告也非常有帮助。

Excel图表：不同的图表，有着不同的特性；可更改图表类型，为数据搭配与其相适应的展现方式；多实践，感受不同图表带来的不同效果。

Excel函数：如果会使用函数，一个公式也许就能把我们从大量烦琐的工作中解脱出来，大大提高工作效率。比如，涉及：（1）计数；（2）排序；（3）求和；（4）平均；（5）引用与查找……

数据透视表+切片器：数据透视表是一种交互式的表，可借用它的功能轻松实现数据的统计与分析。有大量数据需要做筛选时，可以辅助使用一个"利器"——切片器。

数据仪表盘：数据透视表与切片器搭配使用，不仅可以让数据规律更加清晰、直观，还可以与其他的组件一起制作出动态的数据仪表盘。

还有其他专业工具，如甘特图。

工具是方法，是"术"；思维是底层逻辑，是"道"。

用来完成数据分析的工具有很多，选择适宜的就好。"术"的问题，都不会是太大的问题，方法总比困难多。

第6章

完成人力资源数据分析的步骤

6.1 明确数据分析的需求

（1）谁是HR的客户

老板：

——"员工不愿意加班。"

——"半年了还没看到成果。"

员工：

——"我的薪酬没有同学所在的那家公司高。"

——"合同怎么签？"

部门管理者：

——"绩效指标不实用。"

——"团队工作积极性不高。"

……

他们都是HR的客户，除公司内部的外，还有公司外部的，**不同的客户有不同的诉求。**

但有时，客户的需求不一定很精准。那么，遇到"客户是老大，客户说什么就是什么""客户都不知道，我更不知道""客户以为自己看到的就是根本问题"时，应该怎么办？

能否精准把控客户需求，是HR分析问题、解决问题要面对的挑战。

（2）以终为始

做数据分析就好比在森林中穿梭，需要数据分析师拨开层层迷雾，寻找光明。

《西游记》里的唐僧经常被问:"圣僧,你从哪里来,又将到哪里去?"

"贫僧唐三藏,从东土大唐而来,前往西天求取真经。"

唐僧带着团队一路克服艰难险阻,斩妖除魔,只为完成使命,没有被外界扰乱自己的规划,这一切都源于唐僧对自己的清晰定位。

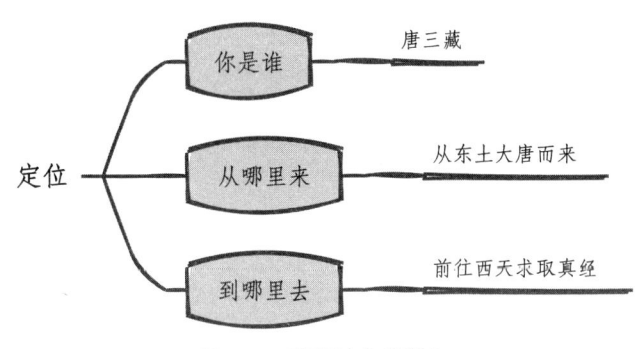

图6-1 清晰的自我认知

HR只有清楚自己想解决的问题,才能更好地以终为始,完成数据分析之旅。

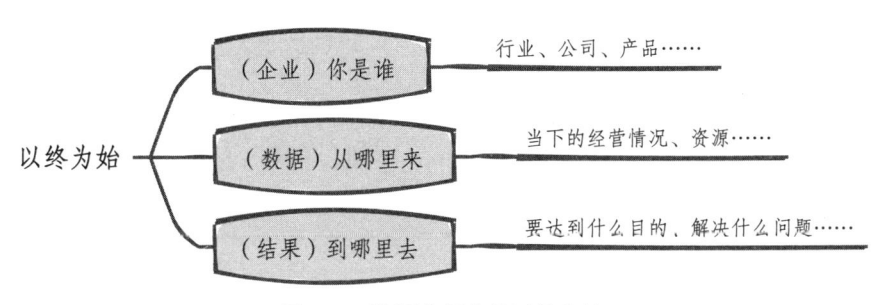

图6-2 数据分析也是以终为始

(3)挖掘真正的需求

HR一定记得STAR行为面试法(如图6-3),这是招聘面试时好用的方法之一,按4个步骤提问,有层次地挖掘细节,就可以对应聘者作出相对全面而客观的评价。

分析整个事件过程,其中包括:背景、任务、行动、结果。再仔细分析,这里面一定包括3个重要元素:场景、客户、痛点。

实践中,不是所有数据分析的需求在一开始都很明确。

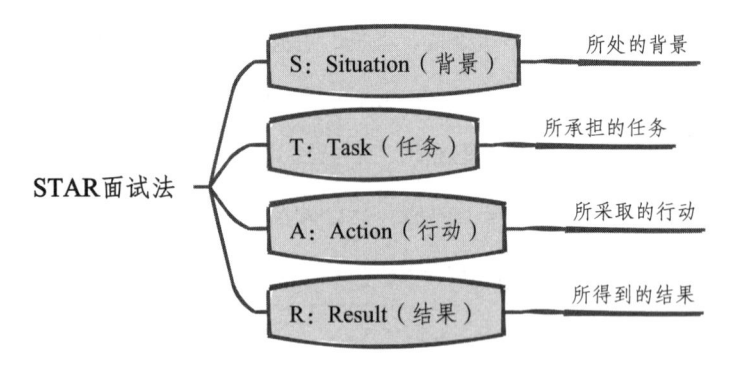

STAR面试法
- S：Situation（背景）——所处的背景
- T：Task（任务）——所承担的任务
- A：Action（行动）——所采取的行动
- R：Result（结果）——所得到的结果

图6-3　借助STAR框架来思考

场景：可能模糊不清晰

客户：可能不是真正的客户

痛点：可能不够"痛"

那么，如何确保接下来的工作成果就是客户想要的呢？可以尝试5W2H分析法，启发思维，把问题考虑得更全面。

（4）5W2H分析法

5W2H分析法又叫七问分析法，简单、方便、易懂，适用于很多领域。

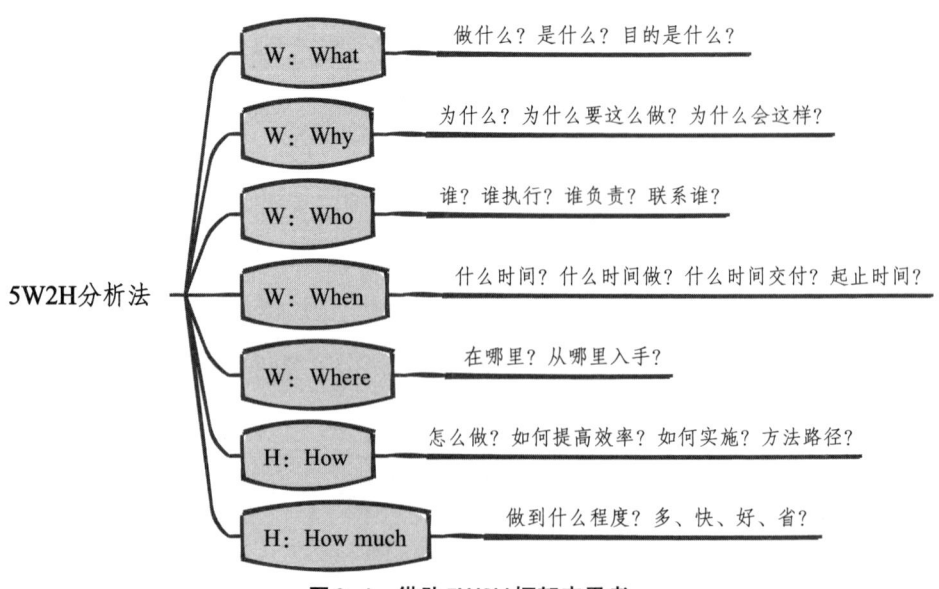

5W2H分析法
- W：What——做什么？是什么？目的是什么？
- W：Why——为什么？为什么要这么做？为什么会这样？
- W：Who——谁？谁执行？谁负责？联系谁？
- W：When——什么时间？什么时间做？什么时间交付？起止时间？
- W：Where——在哪里？从哪里入手？
- H：How——怎么做？如何提高效率？如何实施？方法路径？
- H：How much——做到什么程度？多、快、好、省？

图6-4　借助5W2H框架来思考

HR在沟通中学会用5W2H多问一句，对细节了解多一些，离"明确需求"就会更近一些。

6.2 选择关键数据指标

（1）二八定律

在任何一组东西中，最重要的只占其中一小部分，约20%，其余80%尽管是多数，却是次要的。

——［意］巴莱多

在日常工作中，总是存在影响结果的关键少数，就像"二八定律"。

在一个企业的价值创造过程中，也存在"80/20"的规律，即20%的骨干人员创造企业80%的价值；而且在每一位员工身上，"二八定律"同样适用，即80%的工作任务是由20%的关键行为完成的。

（2）自己所在的企业没有数据

数据，是做数据分析的前提。

没有想要的数据很正常，这本身就是一个从0到1的过程，尤其是对没有做过数据分析的HR来说。但随着企业的经营、时间的沉淀，数据一直在产生。

前年没有，去年没有，今年是否可以有？现在把所需的数据表格框架搭建起来，开始记录，在日常中积累数据、沉淀数据，填补企业的数据库。那么，HR下次，如下个月、下一年，就可以做数据分析了。

（3）数据那么多，我该选哪些

由于工作流程需要，上下游的协作分工不同，可能会产生很多数据。当这些海量数据呈现在HR面前时，哪些才是关键数据呢？

不妨思考：

第一，客户想要的结果是什么；第二，对结果影响最大的数据是什么？

识别影响结果的关键数据，需要从客户需求出发，关注客户所关注的；同时需要从业务出发，关注工作结果输出。

招聘需求、人才画像、简历筛选、面试预约、笔试、初试、复试、入职、试用期、转正……

如果想分析面试合格率，那么影响面试合格率的数据是什么？如果想分析转正通过率，那么影响转正通过率的数据是什么？

目标不一样，关注的点也是不一样的。

（4）数据指标那么多，我该选哪些

数据指标的选择也是一个筛选和整理的过程，关注的点不一样，选择的指标也不一样。

同上，不妨思考：第一，客户最关注的是什么；第二，对关注点影响最大的指标是什么？

角色不同，关注点不同，"老板关注HR每天面试了多少人""HR总监关注招聘成本"。

我们来看看，不同的人、不同的目标是否关注不同的数据指标。

以下列举了10个关键词：

- 战略
- 业务
- 执行
- 结果
- 过程
- 决策
- 短期

- 长期
- 优化
- 监控

根据层级可以将数据划分为：

- 公司层面的数据
- 部门层面的数据
- 岗位层面的数据

根据管理者角色可以将数据划分为：

- 高层数据
- 中层数据
- 基层数据

请思考：不同层级或者不同角色更关注的关键词有哪些？这个层面上的关键指标有哪些？

6.3 建立方便分析的数据表

在《西游记》中，妖怪最怕被"打回原形"。

打回原形：最早出现在神话故事中，故事中的妖怪被打死后，就会现出原来的样子。后来演化为伪装被揭穿，露出本来面目。

《西游记》里的妖怪被降服后，往往都现出原形，原来看到的并不是其真实的样子。

（1）你的数据都能用吗

——"老板，这是一份薪酬调查报告，我们可以参考一下。"

——"与实际相去甚远，参考意义不大。"

请思考一下，参考意义不大的原因可能有哪些？样本不是本行业的，没有参考意义？样本量不够多、不准确？填写调查表的时候使用的不是真实数据？

"经理,我们这次收集回来1000份调查问卷,发现有的问卷题目没答完,数据缺失,还有效吗?"

请思考一下,什么才算有效数据?没有虚假的?没有错误的?没有缺失的?没有冗余的?统一格式要求的?符合目的的?

收集回来的数据不一定符合要求,它可能格式不统一、有错误,也可能没有用。所以需要排查,进行去冗、去错、提取、计算等处理,直至符合要求。

源数据质量直接影响数据分析的结果。有效的数据,才能为数据分析提供有效支撑。

(2)数据资料从哪里来

一手资料:指通过收集获得的第一手资料,未经修饰处理。

二手资料:指已发布的资料,如媒体、机构、平台等发布的信息、报告、文件、报表等,这些都是经过收集并整理过的资料。

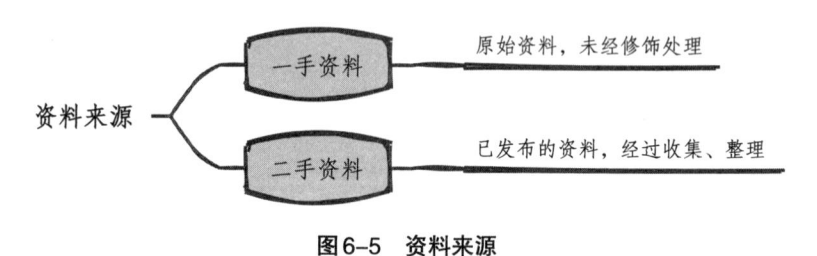

图6-5 资料来源

资料的获取方式,如下图6-6所示:

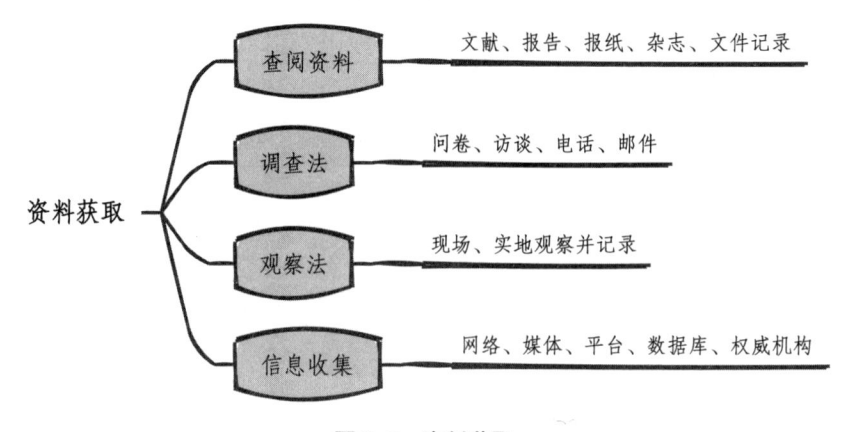

图6-6 资料获取

（3）建立方便分析的数据表

因为要计算、统计、呈现关键数据指标，所以需要把收集到的所有数据放在合适的表单、文件里。

数据从笔记、纸质版本形成电子版本；按统一的格式建立数据表；根据需要，调整数据表。

"我的数据表该有哪些字段？"

以《人员名单表》为例，字段包括：部门、姓名、岗位、职级、性别、出生日期、学历、学校、专业、毕业时间、入司日期。

表6-1 《人员名单表》的表头字段设计样例

部门	姓名	岗位	职级	性别	出生年	月	日	学历	学校	专业	毕业时间	入司年	月	日

请思考以下五个问题：

①若要完成人员名单的统计，哪些字段可以减少？为什么可以减少？

②还可以增加哪些字段？为什么增加？

③出生日期用年、月、日3个字段有什么好处？

④入司日期用年、月、日3个字段有什么好处？

⑤依据这个数据表，可以完成哪些数据指标的分析？

《面试记录表》的字段包括：姓名、电话、邮箱、应聘职位、学校、专业、毕业时间、简历来源、笔试、是否前来面试、初试预约日期、初试是否通过、复试是否通过。

表6-2 《面试记录表》的表头字段设计样例

姓名	电话	邮箱	应聘职位	学校	专业	毕业时间	简历来源	笔试	是否前来面试	初试预约日期	初试是否通过	复试是否通过

请思考以下两个问题：

①若要统计面试各环节的数据，这些字段是否合理？

②依据这个数据表，可以完成哪些数据指标的分析？

6.4 完成数据分析与处理

草船借箭（《三国演义》典故故事的部分内容）

一万多名弓弩手一起朝江中放箭，箭好像下雨一样。诸葛亮又下令把船掉过来，船头朝东、船尾朝西，仍旧擂鼓呐喊，逼近曹军水寨受箭。

到雾散时，诸葛亮下令返回。船两边的草把子上都插满了箭。诸葛亮吩咐军士们齐声高喊"谢谢曹丞相的箭"。曹操知道上了当，可是诸葛亮那边船轻水急，已经驶出二十多里，要追也来不及了。

船队返营后，共得箭十几万支，为时不过三天。鲁肃目睹其事，极称诸葛亮为"神人"。诸葛亮对鲁肃讲自己不仅通天文，识地理，而且知奇门，晓阴阳，更擅长行军作战中的布阵和兵势，在三天之前已料定必有大雾可以利用。

诸葛亮不是"神人"，但是他掌握的信息足够全面，且善于分析利用信息。

数据分析的本质是让数据从杂乱无章走向有迹可循

典型案例 1

关于员工对工作本身的体验，HR做了一次全面的员工访谈，分别从三个方面进行沟通，同时把访谈记录下来。

（1）工作感受（感知到发生的变化、有哪些方面还可以改进）。

（2）工作建议（流程、本部门/跨部门沟通与协作、工具）。

（3）企业文化相关（团建、工作氛围、其他感受等）。

原始的《访谈记录表》字段，如表6-3所示：

表6-3 《访谈记录表》的表头字段设计样例

姓名	部门	工作感受		工作建议			企业文化相关		
		感知到发生的变化	有哪些方面还可以改进	流程	本部门/跨部门沟通与协作	工具	团建	工作氛围	其他感受

HR从密密麻麻的一条条记录中，发现大家所提到的问题存在因部门岗位带来的差异性，同时还有一些共性，于是整理出这样的一个反馈结果：

表6-4 问题反馈

排序	问题描述	如何解决
反馈最多的问题		
应重视的问题		

表6-5 待解决的问题梳理

某部门当前须解决的问题	问题关键词	问题描述说明	如何解决

通过这样的思路梳理，这次访谈的结果就很清晰了。

典型案例 2

假如已知团队A、团队B本月的工资数据表。

第1步：你想了解哪些信息？可以了解哪些信息？（挖掘需求）

√ 团队A与团队B，哪个团队的工资成本高？

√ 按项目组来分，哪个项目组的平均工资高？

√ 基层、中层、高层的工资占比情况是怎样的？

√ 全体人员的平均工资是多少？

√ 从岗位来看，哪个岗位的平均工资最高？

√ 团队A和团队B，哪个团队成员的工资最高？

√ 不同层级的薪酬比较率是多少？

√ 下个月的费用趋势如何？

数据分析的目的是让数据从杂乱无章变得有迹可循，最终产生对企业有价值的信息。

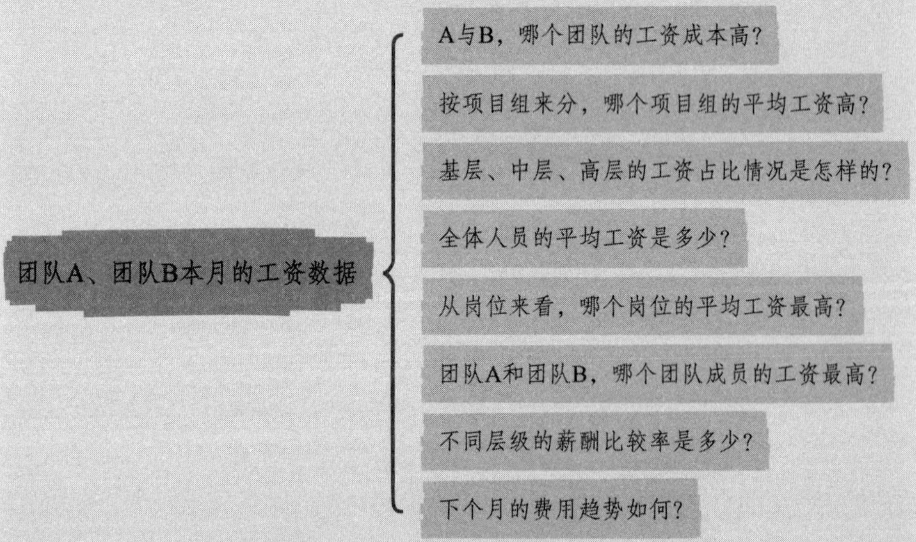

团队A、团队B本月的工资数据 {
- A与B，哪个团队的工资成本高？
- 按项目组来分，哪个项目组的平均工资高？
- 基层、中层、高层的工资占比情况是怎样的？
- 全体人员的平均工资是多少？
- 从岗位来看，哪个岗位的平均工资最高？
- 团队A和团队B，哪个团队成员的工资最高？
- 不同层级的薪酬比较率是多少？
- 下个月的费用趋势如何？
}

图6-7　从本月工资数据中可以得到的信息

假设目标已明确，接下来就是通过工具、方法、技巧等的使用去实现目标，这些步骤是"术"。

第2步：如何选择分析方法？

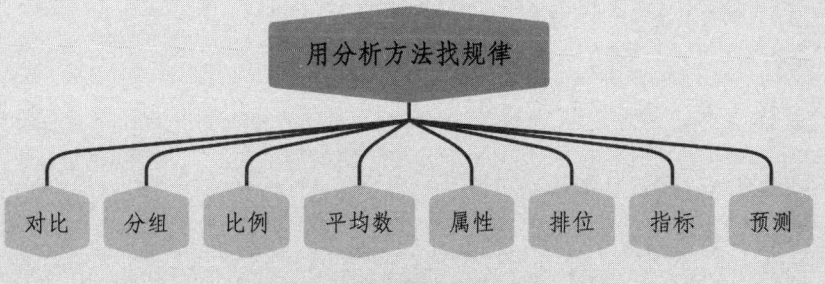

```
              用分析方法找规律
    ┌────┬────┬────┬────┬────┬────┬────┬────┐
   对比  分组  比例 平均数 属性  排位  指标  预测
```

图6-8　分析方法的种类

表6-6　方法只是实现目标的途径

分析团队A、团队B本月工资数据的角度	
团队A与团队B，哪个团队的工资成本高？	对比
按项目组来分，哪个项目组的平均工资高？	分组
基层、中层、高层的工资占比情况是怎样的？	比例
全体人员的平均工资是多少？	平均数
从岗位来看，哪个岗位的平均工资最高？	属性
团队A和团队B，哪个团队成员的工资最高？	排位
不同层级的薪酬比较率是多少	指标
下个月的费用趋势如何？	预测

选择分析方法很难吗？指标计算很难吗？都不难。数据分析之所以会耗时，可能是因为前面的工作没有做到位，如表单设计不统一、数据不易提取或不方便计算等，那么到这一步的时候就需要反复调整前面数据表的结构、字段。

6.5 初步诊断，识别问题和风险

（1）诊断，是一个为企业把脉的过程

> 典型案例 1
>
> **已知团队A、团队B本月的工资。**
>
> （1）数据分析与处理：团队A与团队B，哪个团队的工资高？
>
> 是什么【结果先行】：团队B的工资怎么比团队A高这么多？
>
> 是什么【数据支撑】：数据指标显示。
>
> 为什么【分析原因】：？
>
> （2）数据分析与处理：按项目组来分，哪个项目组的平均工资高？
>
> 是什么【结果先行】：原来是这个项目组平均工资最高。
>
> 是什么【数据支撑】：数据指标显示。
>
> 为什么【分析原因】：？
>
> （3）数据分析与处理：基层、中层、高层的工资占比情况是怎样的？
>
> 是什么【结果先行】：基层工资占比过低，是否有异常？
>
> 是什么【数据支撑】：数据指标显示。
>
> 为什么【分析原因】：？
>
> （4）数据分析与处理：全体人员的平均工资是多少？
>
> 是什么【结果先行】：与行业平均工资大体持平，是否符合公司的薪酬策略？
>
> 是什么【数据支撑】：数据指标显示。
>
> 为什么【分析原因】：？
>
> （5）数据分析与处理：从岗位来看，哪个岗位的平均工资最高？
>
> 是什么【结果先行】：发现某个岗位的平均工资最高，是否与岗位

价值评估一致？

是什么【数据支撑】：数据指标显示。

为什么【分析原因】：?

（6）数据分析与处理：团队A和团队B，哪个成员的工资最高？

是什么【结果先行】：某个成员的工资远远高出其他人。

是什么【数据支撑】：数据指标显示。

为什么【分析原因】：?

（7）数据分析与处理：不同层级的薪酬比较率是多少？

是什么【结果先行】：中高层的薪酬比较率大于1，说明薪酬水平超过了行业水平，是否符合公司的薪酬策略？

是什么【数据支撑】：数据指标显示。

为什么【分析原因】：?

（8）数据分析与处理：下个月的费用趋势如何？

是什么【结果先行】：下月的费用预计是这个区间，是否符合成本预算？

是什么【数据支撑】：数据指标显示。

为什么【分析原因】：?

表6-7 初步诊断可以有哪些发现

团队A、团队B本月的工资	初步诊断		
	发现	依据	原因
团队A与团队B，哪个团队工资高？	团队B的工资怎么比团队A高这么多？	数据指标显示	为什么
按项目组来分，哪个项目组的平均工资高？	原来是这个项目组平均工资最高。	数据指标显示	为什么
基层、中层、高层的工资占比情况是怎样的？	基层工资占比过低，是否有异常？	数据指标显示	为什么
全体人员的平均工资是多少？	与行业平均工资大体持平，是否符合公司的薪酬策略？	数据指标显示	为什么

续表

团队A、团队B本月的工资	初步诊断		
	发现	依据	原因
从岗位来看,哪个岗位的平均工资最高?	发现某个岗位的平均工资最高,是否与岗位价值评估一致?	数据指标显示	为什么
团队A和团队B,哪个团队成员的工资最高?	有个成员工资远远高出其他。	数据指标显示	为什么
不同层级的薪酬比较率是多少?	中高层的薪酬比较率大于1,说明薪酬水平超过了行业水平,是否符合公司的薪酬策略?	数据指标显示	为什么
下个月的费用趋势如何?	下月的费用预计是这个区间。是否符合成本预算?	数据指标显示	为什么

典型案例 2

HR在做人员盘点。

（1）数据分析与处理：学历分布是怎样的？

是什么【结果先行】：普遍学历高。

是什么【数据支撑】：数据指标显示80%都是本科以及以上。

为什么【分析原因】：？

（2）数据分析与处理：年龄分布是怎样的？

是什么【结果先行】：年龄层次呈年轻化。

是什么【数据支撑】：数据指标显示平均年龄29岁，25—32岁的员工占65%

为什么【分析原因】：？

（3）数据分析与处理：司龄分布是怎样的？

是什么【结果先行】：新人偏多。

是什么【数据支撑】：数据指标显示入司3年以下的员工占50%。

为什么【分析原因】：？

表6-8 从人员盘点的数据中可以有哪些发现

HR在做人员盘点	初步诊断		原因
	发现	依据	
学历分布	普遍学历高	数据指标显示80%都是本科及以上	为什么
年龄分布	年龄层次呈年轻化	数据指标显示平均年龄29岁，25—32岁的员工占65%	为什么
司龄分布	新人偏多	数据指标显示入司3年以下的员工占50%	为什么

典型案例 3

下图显示的是离职人员司龄分布情况。

是什么【数据支撑】：

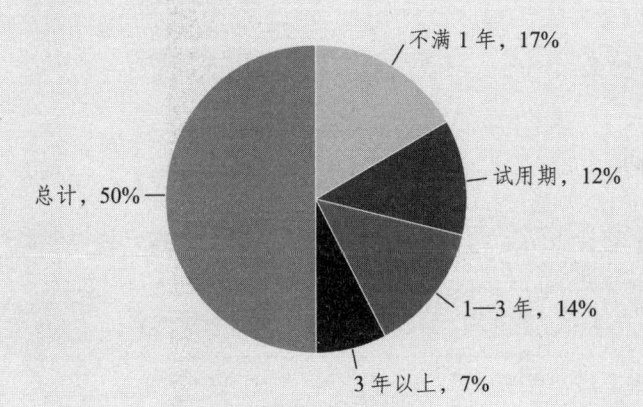

图6-9 离职人员司龄分布

- 不满1年，17%
- 试用期，12%
- 1—3年，14%
- 3年以上，7%
- 总计，50%

是什么【结果先行】：

经过初步诊断，你的结论是什么？能识别出哪些问题和风险？

1.

2.

3.

（2）如何避免"盲人摸象"

> 《大般涅槃经》盲人摸象（节选）
>
> "其触牙者，即言象形如芦菔根；其触耳者，言象如箕；其触头者，言象如石；其触鼻者，言象如杵；其触脚者，言象如木臼；其触脊者，言象如床；其触腹者，言象如瓮；其触尾者，言象如绳。"

盲人摸象用来比喻对事物了解不全就妄加猜测。只有对事物进行全面的了解，才能得出正确的结论。

HR避免盲人摸象，办法就是尽可能全方位地了解信息，如行业背景、业务流程、商业模式等。

6.6 精细化诊断，提出解决方案

很多人都能提出问题，但不是每个人都能解决问题。

典型案例 1

以前文提到的《访谈记录表》为例，把表格填写完整，具体如表6-9所示：

表6-9 关于工期拖延的问题和处理

某部门当前需要解决的问题	问题关键词	问题描述说明	如何解决
工期拖延	货物不齐	项目施工现场90%存在"人等货""货等人"的现象	物流管理标准化、流程化，减少因为目前各因素导致的延误成本
	实施中修改产品	产品运行有问题，需要维护、修改	提升产品质量，重视开发、测试环节的结果输出

精细化诊断，是解决"为什么"+"怎么办"的过程：

其也是进一步验证问题，并给出相应解决方案的过程，这一步最能体现HR的价值，如：

√ 识别到的是关键问题吗？

√ 能不能解决问题？

√ 解决问题够不够快、准、狠？

√ 成本是不是可以再降？

典型案例 2

数据分析发现，企业人员年龄结构趋向"大龄化"。

是什么【结果先行】：公司人员年龄结构趋向"大龄化"。

是什么【数据支撑】：数据指标显示35岁以上的员工超过50%。

为什么【分析原因】：？

那么，你认为"大龄化"产生的原因有哪些？

1.

2.

3.

是不是因为行业本身就符合这样的"现象"呢？

是不是任职要求有规定员工的年龄范围须符合这个区间呢？

经过验证，企业"大龄化"产生的真正原因如下：

1.

2.

3.

怎么办【解决措施】：

1.

2.

3.

但不是所有的"发现"都是问题。

如果诊断出来的"大龄化"是问题的话，则需要解决；如果并不是问题，一切处于"正常值"范围内，就不必把它当作问题来解决。

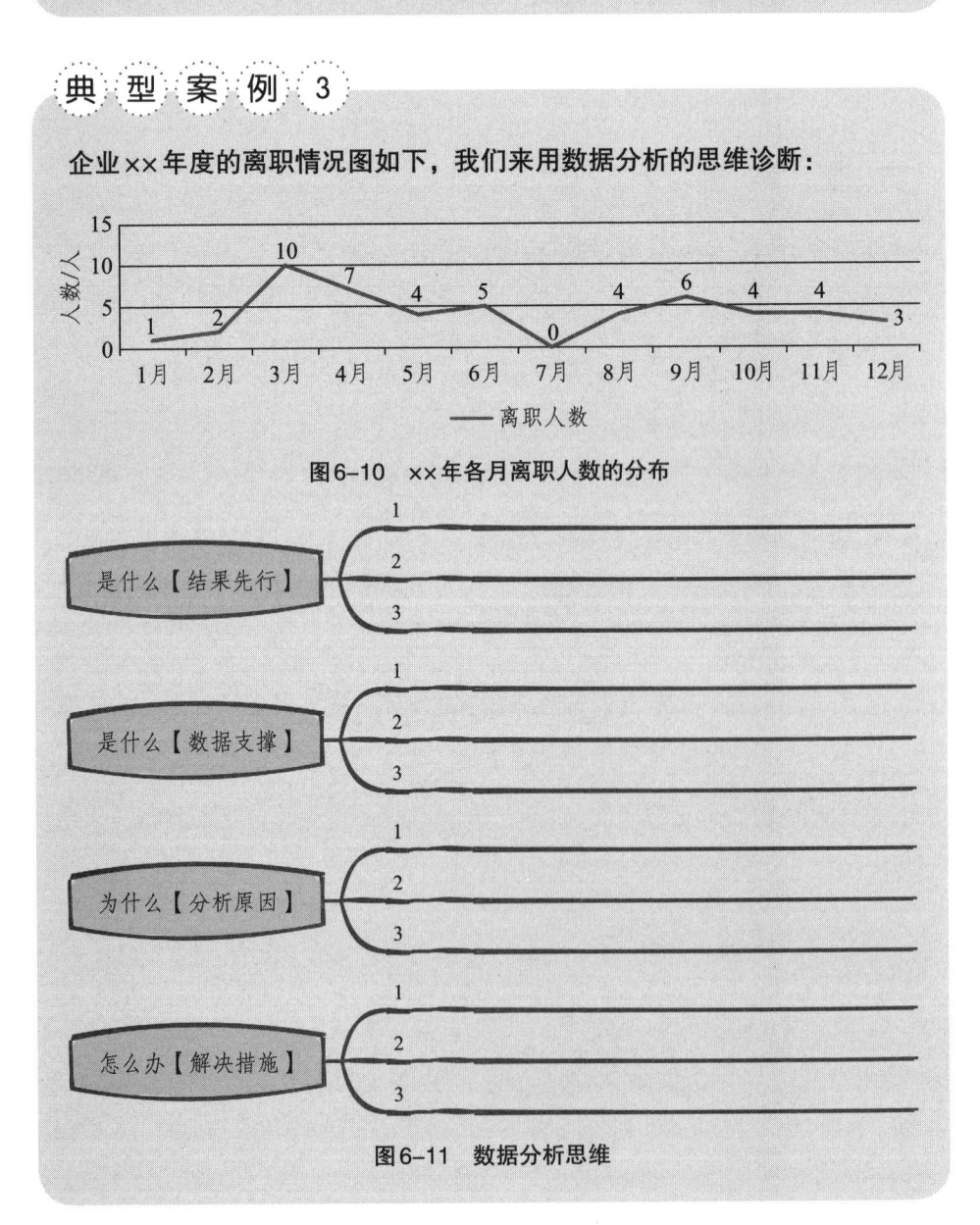

典型案例 3

企业××年度的离职情况图如下，我们来用数据分析的思维诊断：

```
人数/人
15
10    10
       ╱╲      7
 5    ╱  ╲    ╱╲      5        6
   1 2    ╲  ╱  4╲   ╱ ╲    4  4
  ╱         ╲╱         ╲  ╱     ╲   3
 0                      0
   1月 2月 3月 4月 5月 6月 7月 8月 9月 10月 11月 12月
              —— 离职人数
```

图6-10　××年各月离职人数的分布

- 是什么【结果先行】
  1.
  2.
  3.

- 是什么【数据支撑】
  1.
  2.
  3.

- 为什么【分析原因】
  1.
  2.
  3.

- 怎么办【解决措施】
  1.
  2.
  3.

图6-11　数据分析思维

典型案例 4

第五章中关于离职原因的调查图表：

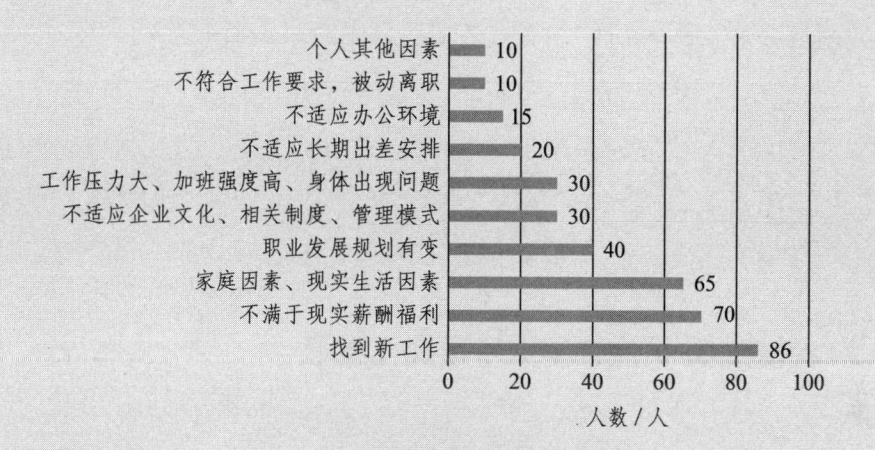

离职原因	人数/人
个人其他因素	10
不符合工作要求，被动离职	10
不适应办公环境	15
不适应长期出差安排	20
工作压力大、加班强度高、身体出现问题	30
不适应企业文化、相关制度、管理模式	30
职业发展规划有变	40
家庭因素、现实生活因素	65
不满于现实薪酬福利	70
找到新工作	86

图6-12　关于离职原因的投票结果

是什么【结果先行】
1
2
3

是什么【数据支撑】
1
2
3

为什么【分析原因】
1
2
3

怎么办【解决措施】
1
2
3

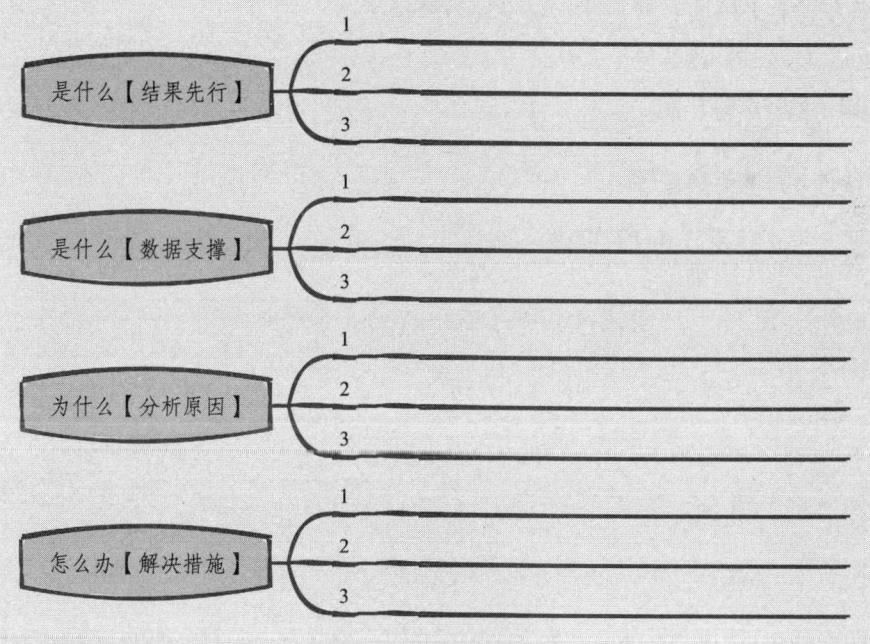

图6-13　数据分析思维

数据分析的目的是为决策提供有价值的参考

HR从数据中能挖掘多少价值，就能创造多少价值。

我们看到，数据分析不是最终目的，诊断也不是最终目的。当海量数据经过分析处理、诊断，从杂乱无章最终形成了管理者可用来作决策、指导工作的、有参考价值的解决方案。

∨ 是什么

∨ 为什么

∨ 怎么办

6.7 对数据分析的结果进行可视化展示

人类的信息获取主要来自视觉，相比于文字、数据、表单等，图像媒介在传播方式上更接近人的本性，也更容易被接受。

典型案例

谁是3月的销售冠军？

我们来看表6-10、表6-11：

表6-10　3月各区域销售冠军的业绩

区域	姓名	销售额/万元
北京	员工7	200
上海	员工14	173
深圳	员工17	217
武汉	员工25	203

表6-11 3月各区域员工的销售业绩

区域	姓名	销售额/万元
北京	员工1	33
北京	员工2	27
北京	员工3	51
北京	员工4	112
北京	员工5	35
北京	员工6	62
北京	员工7	200
上海	员工8	44
上海	员工9	87
上海	员工10	70
上海	员工11	40
上海	员工12	148
上海	员工13	13
上海	员工14	173
深圳	员工15	40
深圳	员工16	22
深圳	员工17	217
深圳	员工18	51
深圳	员工19	176
深圳	员工20	118
深圳	员工21	62
深圳	员工22	86
深圳	员工23	89
武汉	员工24	102
武汉	员工25	203
武汉	员工26	52
武汉	员工27	61
武汉	员工28	86
武汉	员工29	170
武汉	员工30	81
武汉	员工31	198
总计		2909

如果使用图形，以上数据可表示为：

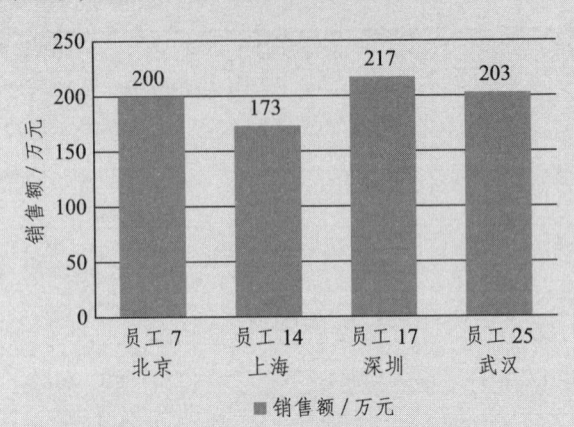

图6-14　3月各区域销售冠军的业绩

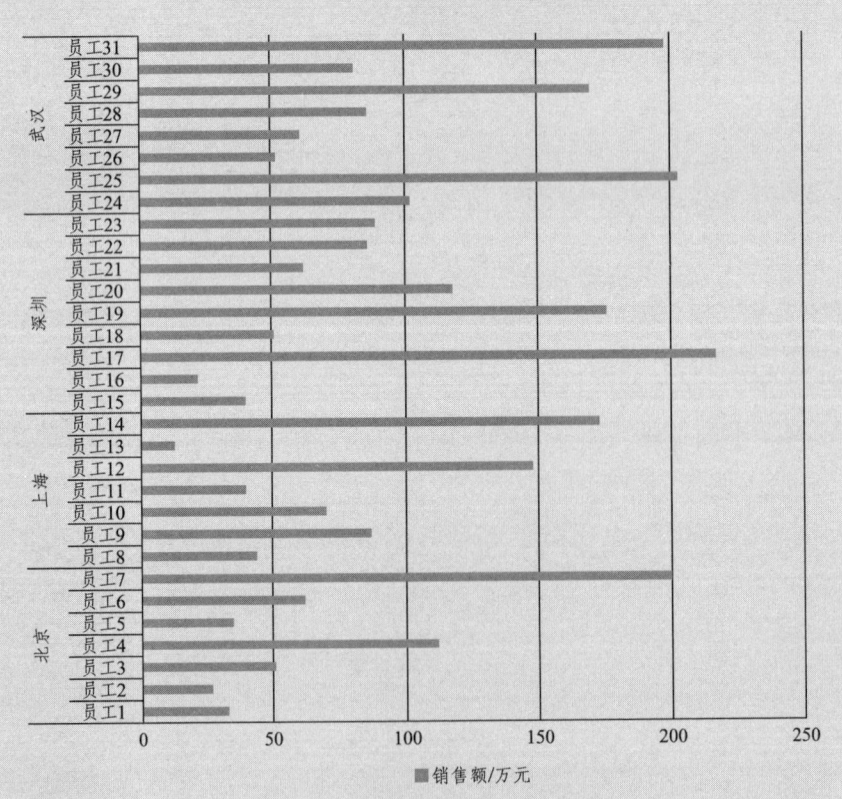

图6-15　3月各区域员工的销售业绩

以上两种呈现方式，哪种方式更直观？

从视觉冲击力上看，第二种方式更加一目了然，能让受众留下更深的印象。

如果数据报表更多，同时增加的还有受众对信息理解和处理的难度。"天啊，看起来可费劲了。"

如果能用简洁的图表、数据仪表盘抓取和展示多维度的、有价值的信息，就可以节省受众的时间、降低受众的理解难度、帮助受众快速得到关键信息。

"我该选择图表、数据仪表盘、还是直接的数据呈现？"**可视化的目的，不是为了炫酷而炫酷，也不是为了可视化而可视化，而是为了降低客户的理解成本：**能用一张表就解释清楚的，就不必用大篇幅的文字；能在一张图里总结到位的，就不必再让客户过滤很多张表的多余信息。

本章小结

数据，是做数据分析的前提。

没有想要的数据很正常，这本身就是一个从0到1的过程，尤其是对没有做过数据分析的HR来说。但随着企业的经营、时间的沉淀，数据一直在产生。

HR避免盲人摸象，办法就是尽可能全方位地了解信息，如行业背景、业务流程、商业模式等。

能否精准把控客户需求，是HR分析问题、解决问题要面对的挑战。

选择关键数据指标，筛选和整理的过程，关注的点不一样，选择的指标也不一样。

建立方便分析的数据表，不是所有数据都能用。

完成数据分析与处理，让数据从杂乱无章走向有迹可循。

初步诊断，识别问题和风险，是一个为企业把脉的过程。

精细化诊断，提出解决方案，是解决"为什么"+"怎么办"的过程。

对数据分析的结果进行可视化展示，不是为了炫酷而炫酷，也不是为了可视化而可视化，而是为了降低客户的理解成本。

很多人都能提出问题，但不是每个人都能解决问题。

HR DIGITAL TRANSFORMATION

第 7 章

HR在数字化转型中用数据驱动薪酬管理

7.1 老板给多少薪酬才能使得员工满意

薪酬管理是人力资源管理中的重要部分，因为薪酬与每个人都有关。不仅直接关系到员工的贡献回报，也对企业吸引、激励和保留人才方面起到了至关重要的作用。薪酬的重要性不容忽视。同时，我们也要理解，薪酬管理不仅是发工资，还包括员工与企业的共同成长，双向奔赴。好的薪酬管理，能实现真正的员工与企业共赢。

> 小布刚毕业，找到了一份做软件开发的工作。第1个月每天都特别早去公司，充满斗志。3个月后他适应了岗位，并顺利转正。第6个月，小布没那么积极了。"每天只是熟练地重复"。1年后，小布有了离职的念头。老板这时给他加薪500元，小布似乎恢复了一些生气。然而，1个月后，小布果断离职。
>
> 老板觉得疑惑：为什么我都给他加薪了，还留不住？
>
> 小布觉得委屈：重复性工作，学不到什么，我跳槽涨薪更多。

我们来回顾一下小布的职场故事。

第一个月：

小布，一位充满梦想和热情的毕业生，怀揣着憧憬走进了职场。每天早早地到公司，对这段全新的人生旅程充满期待。

三个月过后：

小布已适应了所承担的岗位并且顺利地实现了从试用期员工到正式员工的转变。

在第六个月时：

小布的热情似乎悄悄退却，创新和主动性不再像初入职场时那样。

入司1年后：

小布心中的离职念头愈加强烈。老板看小布做出了不少成果，决定对小布进行薪酬调整，将他的月薪提高了500元。

结局：

加薪未能维系其工作热情。最终，小布决定离职，希望在其他地方寻找更广阔的舞台和成长空间。

离职面谈时，小布很坦诚地公开自己的心路历程：

"我的转正工资是1.5万元，感谢公司给我加500元，没多少加薪的感觉，不过，有总比没有好。每日重复且缺乏挑战的工作，让我更无法忍受。工作没有价值感，我甚至第二天都不想起床上班。"

在给员工加薪的时候，想必小布的老板一定有考虑过：
①给哪些人加薪？
②加多少合适？

或许还考虑过：
①这里能吸引小布来工作的原因是什么？
②什么能激发小布的工作热情？
③什么能吸引小布继续留下来？

虽说招才引智需要老板舍得投入"真金白银"，不能只靠"纸上谈兵"，老板实实在在的行动就是"诚意"，但薪酬管理也不只是关于金钱的数字游戏，更是关于理解员工内在驱动力的艺术。有效的薪酬体系，需要考虑这些维度：

- 如何分配，员工才觉得公平？做好做差做多做少不一样，确保内部公平性。

- 如何定位，才有市场竞争力？吸引人才，有加入的意愿，确保外部竞争力。
- 能不能激发他们的工作热情？贡献自己的才智更多，是否有更高的回报。
- 量体裁衣，不超自己的负荷，保证在财务上的可持续性。

典型案例 1

员工A："经理，我打算离职了。"

经理："啊，怎么这么突然？"

经理多问一句才终于了解到员工A的"新工作给的薪资比现在多30%"。

员工A："我们公司工资好低哦！两年才涨了200元。"

一句话总结：员工觉得自己的收入低于市场价位。

问：假如老板给的薪酬不低于市场价位，员工就能满意吗？

答：高收入会提高幸福感，但员工不一定会满意。

典型案例 2

同学会上，员工B的同学说："我们单位啊，太没意思了。有人不干活还拿很高的工资。"

员工B："你没看到有的人，一心扑在工作上，从来不请假，结果呢？你以为他的奖金高？"

一句话总结：员工觉得自己的收入与付出不匹配。

问：假如员工获得的薪酬与自己的付出成正比，员工就会满意吗？

答：付出都是值得的，会提高满意度，但员工不一定会满意。

> **典型案例 3**
>
> 员工C的朋友:"听说你涨薪了,怎么看起来还是不高兴呢?"
>
> 员工C:"我涨了500元,×××涨了1200元,领导还是重视×××啊!他的工作有啥难度嘛!"
>
> **一句话总结:内部不公平。**
>
> **假如年年都有涨薪,员工就会满意吗?**
>
> 答:如果心理没有失衡,涨薪会令员工高兴一阵子,但员工也不一定会满意。

所以,说到薪酬,员工在关注什么?

员工关注:

- 有没有给我按时发放工资?
- 有没有给我符合市场行情的工资?
- 有没有给我与付出成正比的工资?
- 有没有给我匹配自己能力的工资?

做多做少,做好做差,薪酬分配理应不一样。不能认可和奖赏其员工的价值和贡献的企业,也不是好企业。当工作收入与绩效紧密相连时,员工会在追求个人利益的同时提高工作效率,这会为企业带来更大价值。

- 通过可预见的晋升机制和绩效奖金,激励员工追求卓越,从而取得更好的工作成果。

这正是薪酬管理的魅力所在。它在塑造企业文化、影响员工行为和驱动组织成功方面发挥着举足轻重的作用。它能够传递一种信息,那就是:

好的企业真正重视并奖赏优秀的表现和贡献。

马斯洛的需求层次结构是心理学中重要的激励理论,包括人类需求的五级模型,通常被描绘成金字塔。从层次结构的底部向上依次为:生理(食物和衣服)、安全(工作保障)、社交(友谊)、尊重和自我实现的需求。若将薪酬需求划分为五个层次,会是什么样子?

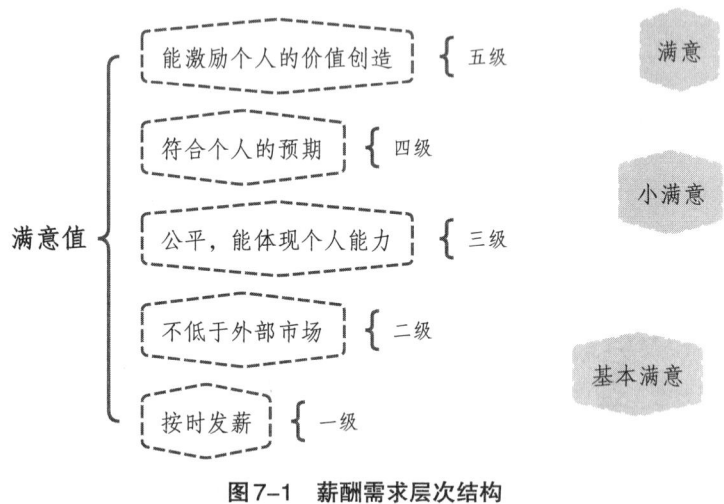

图7-1　薪酬需求层次结构

从一级到五级,也是从生存层面到价值实现的层面。

- 到底几月能加薪?——再不加薪,他/她就打算离职了。
- 企业是否承担得起?——是否超预算?
- 能否把外面的"大神、大牛"请进来?——是否能吸引人才?
- 企业里的"这帮人"是否在全力以赴?——能否激励员工?
- 那个业绩最好的员工是不是收入最高的?——有没有做到公平分配?

薪酬管理的策略、方法、工具等"术"都遵循以下六个原则:

内部公平性:员工获得的薪酬与企业内部其他员工相比是否公平?

外部竞争力:跟外部企业相比,是否能吸引和留住人才?

激励性:对员工是否有很好的激励作用?

经济性:是否充分考虑了企业自身发展的特点和支付能力?

适应性:是否适合企业实际情况?

合法性：是否符合现行的政策法规？

什么因素会让一个人对当前的工作充满动力

> 小旭毕业2年，换了4份工作。现在的工作已干了半年，觉得没有动力了，每天不想上班。他想离职的主要原因包括：不喜欢团队氛围、薪资不满意、也没有成长，想找有"意义"的工作。

其实小旭遇到的问题很常见，身在职场中的我们都会遇到。关于换工作的原因大致包括：

> 人际关系：与上司、同事、客户的关系，对公司决策层失去信任
> 薪酬原因：内部分配不公平、收入太低没有市场竞争力
> 发展原因：没有挑战、工作责任过重、没有发展空间、没有培训提升
> 个人原因：家庭、健康、生活、居住地变化等
> 组织原因：人事变动、不确定因素过多、内部沟通不畅等
> ……

员工离职的原因只有两点最真实：钱，没给到位；心，受委屈了。

我们从另一个角度来看，一个人"坚持这份工作的原因"是什么？相信不同的人有不同的答案。正因为这个内心里的答案，才是影响一个人当前作决策时的参照标准。只有当我们发自内心地想去做一件事，才愿意去接纳它的全部，哪怕忍受当下有烦恼的一面。

> 小林加入的是一家创业公司，薪资和同学相比算一般，但他每天都斗志满满。为什么？他说很喜欢这里的氛围，大家一起并肩战斗，完成了一个又一个项目，里面自己有设计的模板，被很多人喜欢和应用，心里有满满的成就感。用户越来越多，公司也会越来越好的。

高薪无疑是吸引和留住人才的一个重要手段。对于许多员工来说，薪资是

对他们工作能力和贡献的一种认可，也是他们维持生计和实现个人价值的重要途径。然而，一个人对工作积极投入，并不是完全由薪资决定的，它还受到许多其他因素的影响，如工作环境、企业文化、个人职业规划等。

什么情况下一个员工会爱自己的工作呢？

我们用"双因理论"来探究我们工作的动力来自哪里。这个理论包括两个因素：基础因素和动力因素。

①基础因素：薪水、职位、安全保障、工作条件、各项政策等。

②动力因素：有挑战性、获得认可、责任感、个人成长。

这两个因素的不同之处在于，动力因素很少与外在刺激有关，更多的是跟自己的内心和工作的内在状况有关。

作为职场人，可回想一下自己曾经的离职原因。如果公司没有提供达到预期的薪水、舒适的工作环境、分配适当的奖金等基础因素，您会不会对工作不满呢？但是，如果公司只改善了以上方面，也并不足以让您立刻爱上这份工作，最多是不再讨厌这份工作。因为薪水属于基础因素，而不是动力因素。

真正让一个人爱上工作的因素是赫茨伯格研究中的"动力因素"。

- 如果每天都有成就感
- 有收获新的东西
- 得到成长和进步
- 取得有意义的成果等

> 因为只要你经历过，你就会认识到这种工作与只有基础因素的工作是不一样的——它在不断向你强调，让你觉得这份工作很有意义，既有趣也有挑战性，让你变得越来越专业，还有机会变得越来越有责任感。
> ——《你要如何衡量你的人生》[1]

---

[1] [美]克莱顿·克里斯坦森、[澳]詹姆斯·奥沃斯、[美]凯伦·迪伦著，丁晓辉译，吉林出版集团2013年版。

"最有效的薪酬管理不是给予最多的钱，而是给予最多的承认和鼓励。"

一家优秀的企业在致力于提供良好的工作环境和福利待遇之外，也需要考虑提升员工工作的幸福感，如给予认可，使员工能够在工作中发挥自己的才能和价值、实现自己的职业目标等，这样更能激发员工的工作热情和创造力。

7.2 薪酬数据分析在分析什么

（1）薪酬管理做什么

《伊索寓言》——驴和骡子

驴和骡子一起上路。驴见自己和骡子驮的货物一样多，很生气，便抱怨说，骡子自以为该吃加倍的饲料，却不肯多驮一点儿东西。它们没走多远，赶驴人见驴支撑不住，就把驴驮的货物取下了一部分，放在了骡子背上。又走了一段路，赶驴人见驴越发累得不行，便又取下了一部分货物，最后把所有的货物都从驴背上取下来放在骡子背上了。这时，骡子回头对驴说："喂，朋友，你还认为我多吃一倍的饲料不公平吗？"

接下来，我们把驴和骡子的故事改编一下：

假设候选人 A 和 B 被录取，都担任软件开发工程师，但是薪酬不一样，A 比 B 多。他们一同入职，B 心里不服，"我们水平差不了多少，A 的工资却比我多了一大截"。

后来在工作中遇到一个程序错误，B 调试了很久还是没能解决，于是向领导请教，领导说："让 A 来帮忙看看吧。"结果 A 花了 5 分钟就解决了 B 花了快 1 个小时也没有解决的问题。

请思考：

- 贵是不是有贵的道理？
- 员工的实力是"几斤几两"，领导是不是"心如明镜"？

让我们看一下这段歌词：

《清官谣》(《宰相刘罗锅》片头曲)

……

天地之间有杆秤

那秤砣是老百姓

秤杆子儿挑江山咿呀咿儿哟

你就是那定盘的星

……

那么，在新人的入职定薪、员工晋升、调薪有据时可依的"秤"是什么呢？

- 薪酬等级表——值多少价？
- 各职级任职资格条件——值不值这个价？
- 岗位价值评估——为什么值这个价？

一把手的认知是企业发展的天花板，而中小企业的很多管理者，甚至老板却以为，人力资源的薪酬管理就是每月的工资。

那么，HR做薪酬管理时，具体需要做哪些事？

薪酬等级表、任职资格条件、岗位价值评估、奖金、福利、预算、股权、期权、薪酬支付。

如果说薪酬管理是"分钱"，"分钱"是为了让人才多出活儿，那么，如何"验证分钱是否合理"呢？这就需要薪酬管理的专业知识了。

以下有5个"道听途说"，用人力资源的专业知识的话，应如何解决呢？

①A员工闷闷不乐："我同学他们公司给的工资挺高哦！"

HR做薪酬调查时发现：

表7-1　A员工和同学的年度薪酬比较

	A员工	A员工的同学
月薪/元	10000	12000
年终奖/元	40000	12000
年度合计/元	160000	156000

A员工单单比较平时工资而忽略了年终奖，请思考：年终奖是不是年度薪酬的一部分呢？

> 薪酬结构是依据公司的经营战略、经济能力、人力资源配置战略和市场薪酬水平等为公司内价值不同的岗位制定不同薪酬水平的要素，并且确认员工个人贡献。
>
> 岗位性质不同，薪酬结构也随之变化。

表7-2 2021年薪酬调查（示例）

职位	年薪/元
软件架构师	500000—700000
数据分析师	300000—500000

薪酬调查是实现企业薪酬水平外部公平的重要途径，调查薪酬水平有没有市场竞争力，需要关注这七点：

- GDP（Gross Domestic Product），即国内生产总值。
- CPI（Consumer Price Index），即居民消费价格指数。
- 同行业薪酬水平。
- 同地区薪酬水平。
- 城市差异系数。
- 工资结构。
- 调薪率。

②B员工闷闷不乐："我这个月超额完成任务，工资就比上个月多了一点点，没劲！"

HR对比他这个月和上个月的工资条时发现：

表7-3 B员工本月和上月工资对比

	本月	上个月
固定工资/元	8000	8000
浮动工资/元	2100	2000
月薪/元	10100	10000

从该员工上个月的工资看，固定工资∶浮动工资=8∶2。请思考：如果B员工的工作内容本身以追求业绩为导向，那么固定工资过高、浮动部分偏低，激励效果强不强？

> 薪酬结构主要是指企业总体薪酬所包含的固定部分薪酬（主要指基本工资）和浮动部分薪酬（主要指奖金和绩效薪酬）所占的比例。

③C员工闷闷不乐："我天天忙来忙去、脚不沾地，他工作那么简单，工资还比我高。"

表7-4 月薪对比

职位	月薪/元
前台	8000
运营	5000

HR通过横向对比工资发现：薪酬没有与岗位的价值、贡献挂钩。

薪酬管理中的常见问题之一就是有些老板会凭感觉给不同的人定薪，回想一下，有没有出现过这样的情况：

- 招人首选要求工资低的那个。
- 看谁顺眼给谁加薪。
- 加薪之后莫名其妙有人离职。

请思考一下：薪酬评定时，如调薪、晋级欠缺公平和透明的原因是什么？

> 岗位价值评估又称职位价值评估或工作评价，是指在工作分析的基础上，采取一定的方法，对岗位在组织中的影响范围、职责大小、工作强度、工作难度、任职条件、工作条件等特性进行评价，以确定岗位在组织中的相对价值，并据此建立岗位价值序列的过程。

④C员工闷闷不乐："在公司工作5年了，工资还不如一个刚来的新人。"

表7-5 老员工和新人月薪对比

职位	月薪/元
在司工作3年的老员工	8000
刚入职的新人	8500

HR对比新人、老人的工资时发现：新入职员工的薪资超过了老员工，出现了"新老员工薪酬倒挂"的问题。

为什么有人说：想涨工资还是得靠"跳槽"呢？

假设某公司的年度调薪预计是10%，但实际上，对员工来说，加薪的机会不一定人人都有。若选择跳槽的话，还有可能实现涨薪30%。

请思考：

- 产生薪酬倒挂问题的原因是什么？
- 内部的薪酬水平与市场相比是怎样的？
- 激励老员工/优秀员工的方法有哪些？
- 企业有没有关注过员工的成长和个人发展？

⑤老板闷闷不乐："今年很难，明年更难。发工资的钱够不够？"

HR对老板说："能不能发得起，发多少、怎么发，不如先做个预算。"

> 人工成本（人事费用）主要包括：工资总额、社会保险费用、员工福利、教育经费、劳动保护费用、住房费用和其他人工成本支出。其中，工资总额是人工成本的主要组成部分。

（2）HR为什么需要做薪酬数据分析

翻开人力资源管理的专业书，它们都在告诉HR，有效的薪酬管理有助于吸引和挽留优秀员工、有助于实现对员工的激励、有助于改善企业的绩效、有助于塑造良好的企业文化。

做薪酬数据分析，既是为了保证薪酬管理的有效性，也是为了降低薪酬管理的风险,更是为了用数据帮助管理者做决策。

有客观数据作为支撑、依据,管理者就不用再凭"感觉"了,如"今年的调薪幅度建议控制在××%,理由是……"。

数据分析,让HR的工作"会说话"。

7.3 数据分析在薪酬管理中的应用与案例分析

(1)工资总额及工资总额组成的规定

工资总额是指各单位在一定时期内直接支付给本单位全部职工的劳动报酬总额。工资总额的计算应以直接支付给职工的全部劳动报酬为根据。

工资总额由六个部分组成:计时工资;计件工资;奖金;津贴和补贴;加班费;特殊情况下支付的工资。

典型案例 1

HR入职了一家新公司,公司目前的薪酬体系还不够完善,可以参考的资料只有每月的工资表。

假设已知工资表的部分字段,如表7-6所示:

表7-6 工资表字段

姓名	入职年	月	日	部门	岗位	职级	应出勤天数	基本工资	绩效工资	补贴	加班费	扣款前应发合计

老板说:"你只需要帮我解决一个问题,就是让公司目前的薪酬管理制度更科学。"

需求已经很明确了,那么问题来了:

(1)怎么做才算"更科学"?

(2)现在的薪酬管理制度有什么问题?

（2）一个由工资表引起的数据分析

HR从工资表里能窥见什么信息，能否见微知著呢？

> "一叶知秋"，本义是从一片树叶的凋落，知道秋天的到来，后比喻通过个别的细微的迹象，可以看到整个形势的发展趋向与结果。

接下来按总体、部门、个体的思路做对比。

最近1年的工资如表7-7所示：

表7-7　××年度××公司工资相关数据

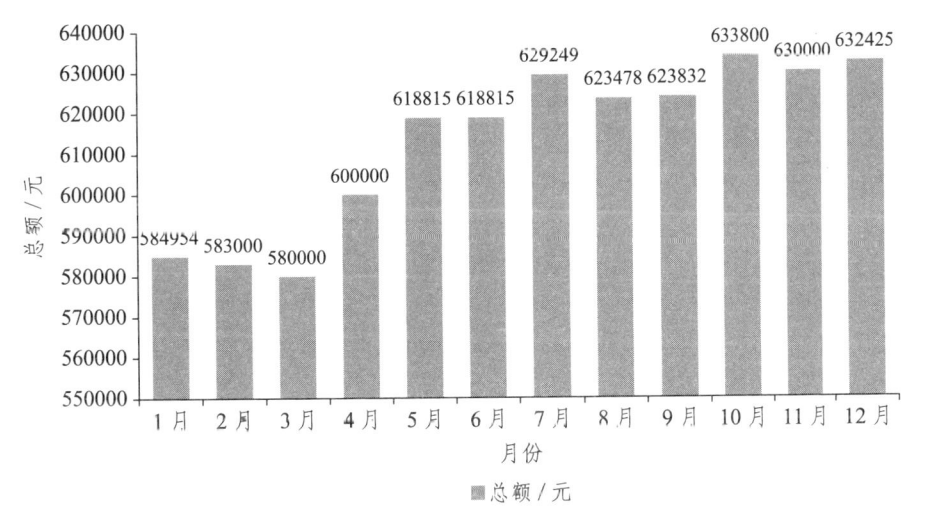

	1月	2月	3月	4月	5月	6月	7月	8月	9月	10月	11月	12月
总额/元	584954	583000	580000	600000	618815	618815	629249	623478	623832	633800	630000	632425
人数/人	100	95	100	100	100	100	102	102	105	105	105	105
人均/元	5850	6137	5800	6000	6188	6188	6169	6113	5941	6036	6000	6023

图7-4　××年度××公司工资统计

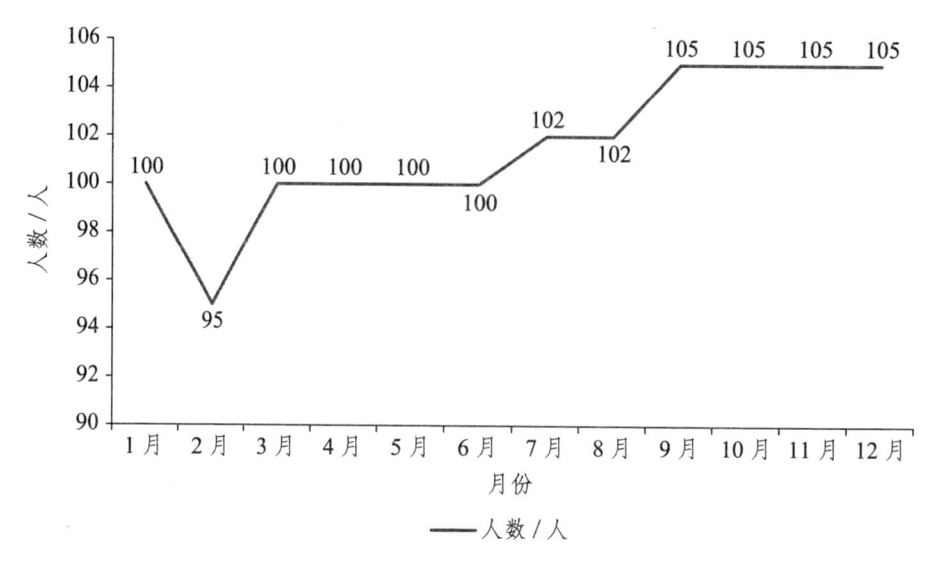

图7-5 ××年度人数数据

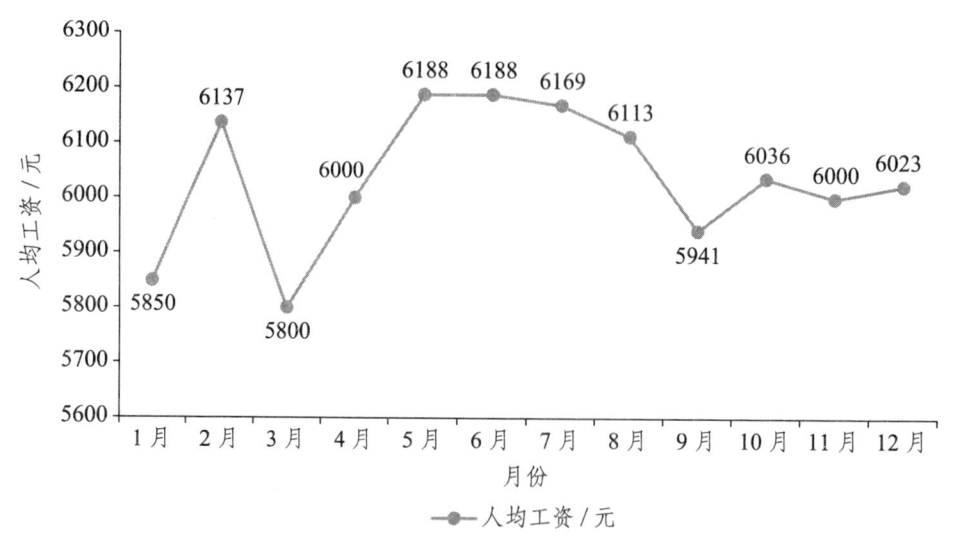

图7-6 ××年度人均工资数据

是什么【结果先行】：

- 最近一年，月工资的总体变化有没有异常？
- 人均工资的变化有没有什么规律？
- 总人数的趋势是怎样的？

为什么【分析原因】：

- 有没有调薪的措施？
- 上次调薪是什么时候？

全员的年龄分布如图7-7所示：

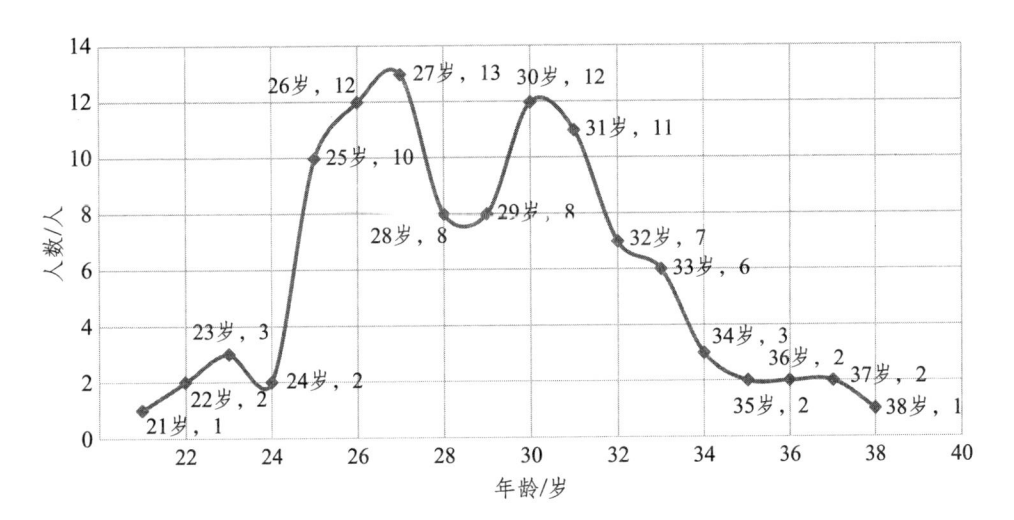

图7-7 ××年度全员的年龄分布

是什么【结果先行】：

- 从员工年龄结构上分析，发现有什么规律？
- 哪个年龄段的员工数量比较多？
- 哪个年龄段的员工数量比较少？

为什么【分析原因】：

- 员工数量最多的年龄段，产生的原因是什么？
- 员工数量最少的年龄段，产生的原因是什么？

全员的司龄分布如图7-8所示：

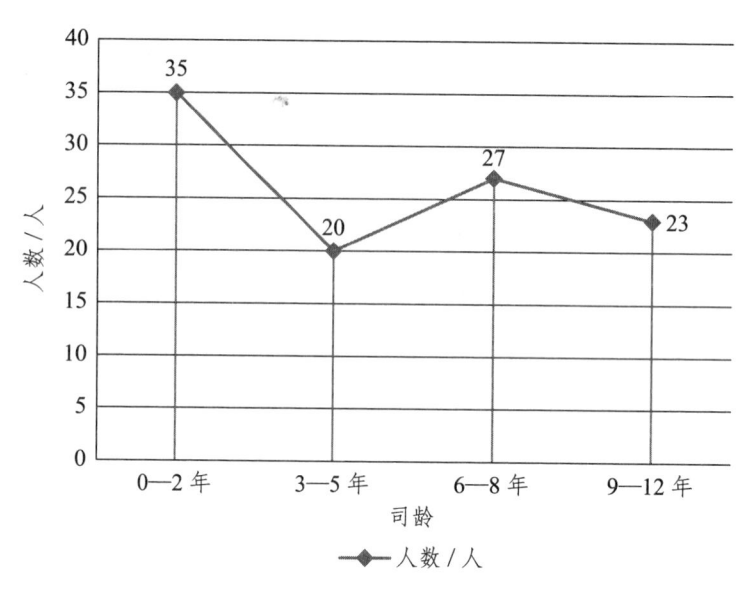

图7-8 ××年度全员的司龄分布

是什么【结果先行】：

- 从员工司龄分布上看，发现有什么规律？
- 处于哪个阶段的员工数量比较多？
- 处于哪个阶段的员工数量比较少？

为什么【分析原因】：

- 司龄为9—12年的员工有什么特点？
- 从0—2年到3—5年，员工愿意留下来的理由是什么？选择离开的理由是什么？
- 从3—5年到6—8年，员工愿意留下来的理由是什么？选择离开的理由是什么？
- 不同阶段的员工，他们的薪酬有什么规律吗？

最近1年的各部门工资总额对比如图7-9所示：

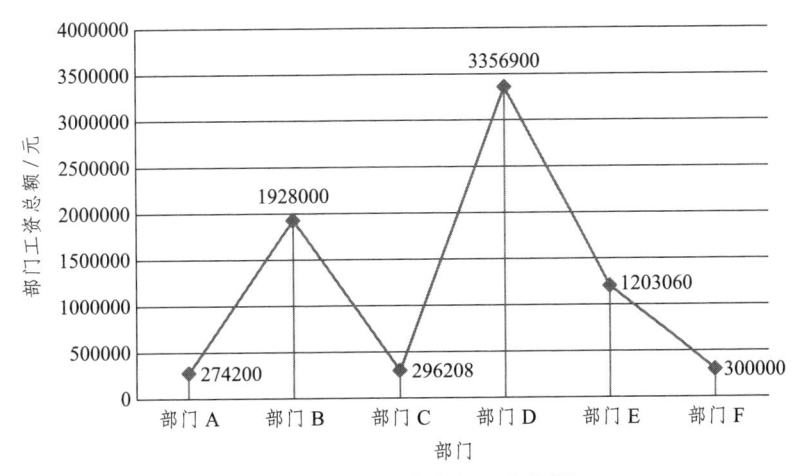

图7-9 ××年度各部门工资总额

是什么【结果先行】：

- 从各部门工资对比上看，发现有什么规律？
- 哪个部门的工资总额最高？
- 哪个部门的工资总额最低？
- 这些部门对公司的贡献如何？

为什么【分析原因】：

- 这些部门的职能是什么？
- 工资总额最高的部门创造的价值是最高的吗？
- 工资总额最高的部门的人员数量、职级是怎样的？

不同层级人员的工资对比如图7-10所示：

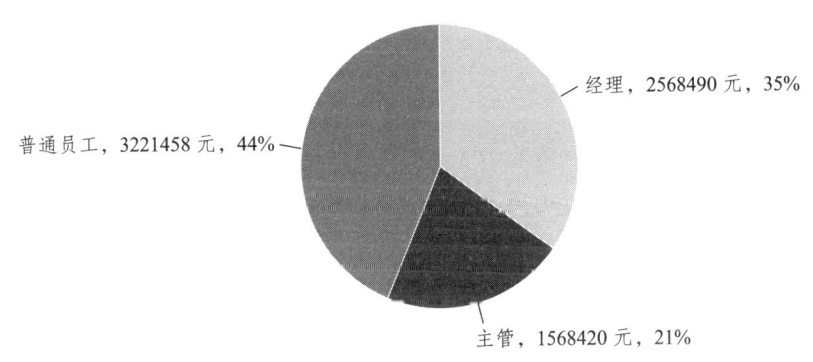

图7-10 ××年度各层级工资

是什么【结果先行】：

- 从各部门工资对比，发现有什么规律？
- 哪个部门的工资总额最多？
- 哪个部门的工资总额最少？
- 这些部门对公司的贡献如何？

为什么【分析原因】：

- 这些部门的职能是什么？
- 工资总额最多的部门，该部门创造的价值是最高的吗？
- 工资总额最多的部门，该部门的人员数量、职级是怎样的？

不同岗位人员的工资对比如图7-11所示：

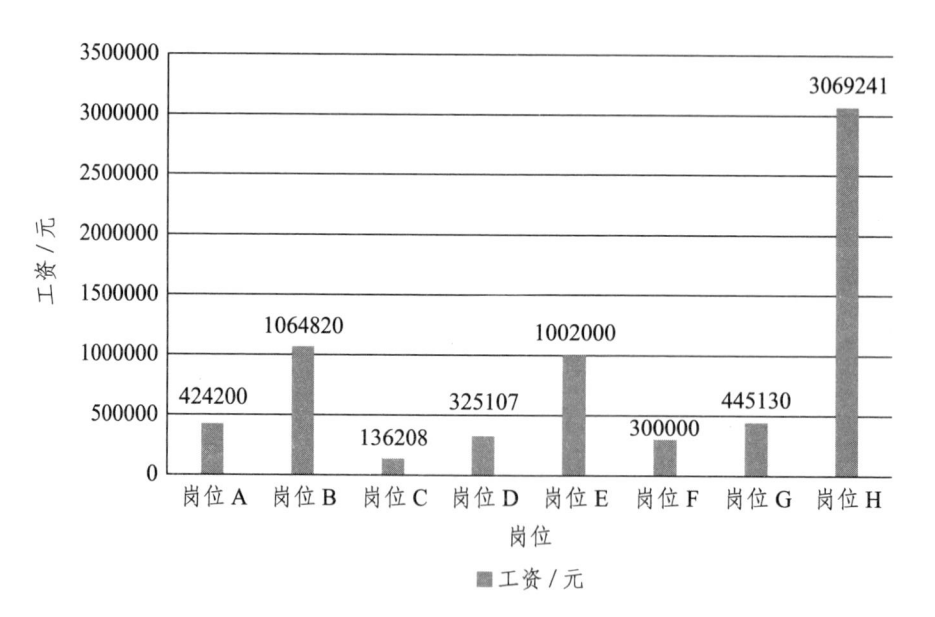

图7-11 ××年度各岗位工资

岗位	工资/元
岗位A	424200
岗位B	1064820
岗位C	136208
岗位D	325107
岗位E	1002000
岗位F	300000
岗位G	445130
岗位H	3069241

是什么【结果先行】：

- 从各岗位工资对比看，发现有什么规律？
- 哪个岗位的工资总额最高？

- 哪个岗位的工资总额最低？
- 哪些岗位是市场上比较稀缺、比较"火"的？
- 哪些岗位是公司内比较关键的？

为什么【分析原因】：

- 这些岗位的主要职责是什么？
- 岗位H工资总额最高，原因是什么？与数量、岗位价值有关系吗？
- 这些岗位对公司的贡献如何？

从上述六个维度进行分析后，再厘清以下两个问题：

- 有哪些是问题需要解决？
- 该怎么解决？

回到数据分析的主线上来，对以上分析做个总结。现在，假如您要梳理数据分析的成果了。

表7-8 写下您的新发现

类别	序号	内容
是什么【结果先行】	1	
	2	
	3	
是什么【数据支撑】	1	
	2	
	3	
为什么【分析原因】	1	
	2	
	3	
怎么办【解决措施】	1	
	2	
	3	

典型案例 2

用一张图向领导汇报5月的发薪情况。

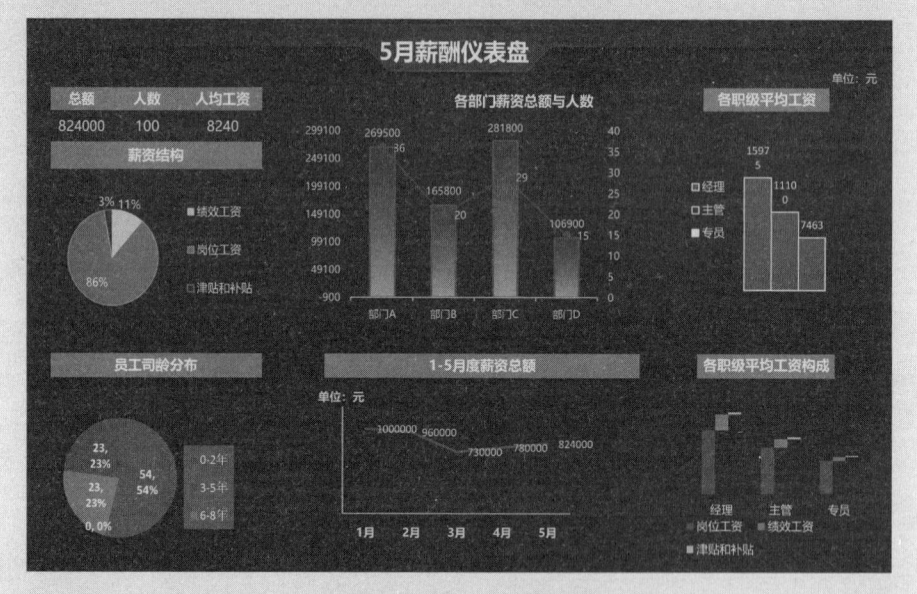

图7-12　5月发薪情况

（1）领导关注哪些信息？

（2）要完成"年度薪酬仪表盘"，您将展示哪些信息？

典型案例 3

员工小A一直在本公司发展。刚入职的时候月工资为5000元，第2年是6000元，第5年是13000元，第10年是17400元。

表7-9　小A在公司的工资增长情况

小A司龄	月工资/元	薪资增长率/%	职位
第10年	17400	0	经理
第9年	17400	9	经理
第8年	15900	0	经理
第7年	15900	6	经理

续表

小A司龄	月工资/元	薪资增长率/%	职位
第6年	15000	15	经理
第5年	13000	24	组长
第4年	10500	40	组长
第3年	7500	25	—
第2年	6000	20	—
第1年（试用期转正）	5000	—	—

员工小B也一直在本公司发展。刚入职的时候月工资为3000元，第2年是3300元，第5年是4200元，第10年是5000元。

表7-10　小B在公司的工资增长情况

小B司龄	月工资/元	薪资增长率/%	职位
第10年	5000	0	
第9年	5000	6	
第8年	4700	0	
第7年	4700	4	
第6年	4500	7	
第5年	4200	8	
第4年	3900	8	
第3年	3600	9	
第2年	3300	10	
第1年（试用期转正）	3000	—	—

试着完成以下问题。

（1）猜想一下

√ 小A的工作职位是什么？

√ 小B的工作职位是什么？

（2）分析小A、小B的薪资增长率

∨ 为什么同年的调薪，小A比小B高？

∨ 小B调薪率为0%的那年，会是什么原因呢？

∨ 关于这10年的调薪，您有什么发现？写下您的观点。

角色扮演：

∨ 如果您是老板，您愿意给什么样的人高薪？愿意给哪些人调薪？

∨ 如果您是部门负责人，如何评判加薪或者晋级是否可行？

∨ 如果您是普通员工，您愿意在一个公司待多久？为什么？不调薪的那年，您在做什么？

本章小结

薪酬管理不仅是发工资，还包括员工与企业的共同成长，双向奔赴。好的薪酬管理，能实现员工与企业真正的共赢。

做多做少，做好做差，薪酬分配理应不一样。

好的企业真正重视并奖赏有优秀表现和贡献的员工。

高薪无疑是吸引和留住人才的一个重要手段。然而，一个人对工作积极投入，并不是完全由薪资决定的，它还受到许多其他因素的影响，如工作环境、企业文化、个人职业规划等。

一个优秀的企业在致力于提供良好的工作环境和福利待遇之外，也需要考虑提升员工工作的幸福感，如给予认可、使员工能够在工作中发挥自己的才能并创造价值、实现自己的职业目标等，这样更能激发员工的工作热情和创造力。

HR DIGITAL TRANSFORMATION

第8章

HR在数字化转型中用数据驱动绩效管理

8.1 业务部门对绩效管理的误会有多深

> 小张接到了领导交办的任务——写材料。
>
> 小张前前后后写了六份，可领导都觉得还差了点意思，不太满意，小张非常苦恼。
>
> 于是，他把自己写的六份材料和往年的优秀材料放在一起反复对比，看自己差在哪里。看来看去，总结出自己的主要问题在于材料内容过于拘谨，缺乏大局的贯通和整体的气势。
>
> 问题找到了，努力的方向也就清晰了。"下笔如有神"，第七份材料交上去果然顺利通过了领导的审核。

小张的"绩效目标"：写好材料并通过领导审核。

实际绩效考核成绩与目标的差距：离领导的审核标准还差一点儿。

于是，有了如下的绩效改进计划。如表8-1所示：

表8-1　绩效改进计划

绩效改进计划	
被考核人	小张
不良绩效描述	前六份材料一直没达到领导要求
原因分析	**写东西过于拘谨，缺乏大局的贯通和整体的气势**
绩效改进措施/计划	方向已经清晰了，用正确的方法再完善一下
计划实施记录	借鉴优秀材料，结合实际情况来写
期末评价	优秀，出色完成改进计划，第七份材料顺利通过领导审核

绩效管理的目的是惩罚员工吗？

不，是为了找差距。

绩效管理的目的是引导和激励员工为组织的战略目标做贡献，实现组织与个人的共同成长。

> **具体表现**
>
> 绩效管理包括：制订绩效计划；绩效实施；绩效考核与反馈；绩效结果应用与改善。

在实际工作中，关于绩效管理，HR遇到过各种花样、各种障碍以及各种"心塞"，非人力资源从业者对绩效管理的理解有太多误区。

（1）绩效管理=变相扣工资？

听说HR开始推绩效方案了？于是业务部门的领导和员工一致反对！人力资源部打算扣大家的工资了！

绩效管理的目的是找差距，并不是扣工资。

（2）绩效考核=绩效管理？

部门领导："按月领工资，年底发奖金，还需要什么绩效管理？"

HR："你是怎么当上部门领导的？"

绩效考核是绩效管理的过程环节。绩效管理是管理者与员工的双向沟通。需要部门管理者更多地参与，与员工双向沟通，完成目标制定、执行与辅导、绩效评价、绩效反馈，从而激发员工潜能。

> **绩效考核：**
>
> √ 是一个筛子，帮企业把高绩效的人才筛选出来，区分优劣。
>
> √ 也是一把尺子，帮你找到差距和不足，持续改进。
>
> √ 说到底，它是手段，也是工具。
>
> 员工要加薪，老板想增利。HR要选择合适的考核方法，如BSC（Balanced Score Card，平衡计分卡）、OKR（Objectives and Key Results，目标与关键成果法）……各花入各眼，各有各生长的土壤。

（3）平时工作缺少评价

绩效评价是为了区分优劣。

HR发现员工做好做差结果都一样，"做好了，工资是这样，做差了，还是一样的工资""你看有些关系户，钱多事少也就算了，还影响别人工作的积极性"。

HR："就问业务部门的领导头疼不头疼？"

（4）那些领导给自己的团队打分都偏高

HR看到来自各业务部门反馈的考核得分，一片向好，"都是90分以上，全优秀啊！都这么优秀，为什么还是亏损呢？"值得反思。

绩效评价的关键，是使员工能感知到客观、公正。

（5）工作计划没有，季度目标也没有

HR："公司的短期计划是什么？部门有年度目标计划吗？里程碑在哪里？像救火队员一样没计划是不好的。"

业务部门领导："眼下的工作先做好再说。"

绩效目标：

√ 部门目标分解。

√ 个人目标设定。

（6）每次检查结果都是没完成

HR："绩效管理是为了找差距，帮助员工成长，最终完成目标。了解到没完成时，有没有和员工一起总结没完成的原因是什么？遇到什么困难了吗？需要什么支持吗？仅仅登记没完成的结果是远远不够的。"

（7）只是给业务部门增加了一项工作内容

HR："我们为什么需要绩效考核呢？"

业务部门："因为你们HR需要啊，我们配合还不行？"

为什么HR推行的绩效考核沦为形式？

任何制度的推行，都有个重要的前提，就是大家在思维上的认知一致，尤其是管理者。不然，如果团队里有人拖后腿，有人可能还是制度的破坏者，制度就很难推行。

绩效管理那些事儿

√ 定计划：设定绩效目标。

√ 选择合适的方法：绩效考核方式。

√ 定指标：绩效考核指标。

√ 做记录：记录员工的业绩表现。

√ 做评估：绩效考核。

√ 绩效反馈。

√ 绩效改进计划。

√ 绩效结果的应用。

√ 数据分析。

√ 制度、流程和表格。

8.2 绩效数据分析在分析什么

对绩效管理工作的复盘本身就是一种分析

《大唐六典》及其对官员的考核

唐玄宗时官修，以理、教、礼、政、刑、事六条为编写纲目，叙唐朝中央、地方各级官府的组织规模、官员编制（定员与品级）及其职权范围。是保存至今最早的行政法典性质的文献。

其中，《大唐六典》对官员的功过界定得很清楚。我们来了解一下当时如何做官员的考核。

考核思路：通用标准与差异化标准相结合。

考核周期：每年一小考，四年一大考。

考核标准：

√ "四善"：对各级官员考核的通用素质标准，侧重于"德"的层面；

√ "二十七最"：考核各级官员是否履职尽责，侧重于职责岗位所要求的能力和业绩标准。

考核结果的应用：考核结果与官员的定级、奖惩、任职和晋升相结合。

典型案例 1

假如现已收集到《大唐六典》中所描述的官员绩效考核试运行的若干个月的结果数据，作为 HR，任务如下：

（1）请按上述描述来设计绩效考核表的字段。

（2）请对过去已完成的绩效考核进行复盘。

假定绩效考核表的字段可能包括以下内容，如表8-2所示：

表8-2 表头设定字段

指标名称	权重	目标值	分值	评分标准	评分人	得分

（1）若对每一项进行试填，请完善考核表的内容。

（2）影响最终得分的因素，您认为会有哪些？

对已完成的绩效考核进行复盘，你的思路是：

（1）考核的覆盖人群：

√ 是不是应该参与考核的人员都参与了？

（2）考核结果数据的分布：

√ 能不能区分干得好、干得差？

√ 等级的分布、职级的分布有没有异常？

（3）与目标的差距情况：

√ 有多少人员的能力、业绩等实际表现优于标准？

√ 有多少人员的能力、业绩等实际表现"拖后腿"了？

（4）结果的应用情况：

√ 升职晋级的、降职降薪的……升降赏罚、选贤任能、奖勤罚懒是否合理？有没有落实到位？

√ 人员晋级前和晋级后的表现对比如何？

√ 持续低绩效的人员有没有提升？

√ 考核对全体人员有没有激励作用？

√ 如何有针对性地改进？

（5）考核的实施细节：

√ 考核指标能不能体现人员的关键任务和重点工作？

√ 佐证资料的质量如何？

√ 考核流程有没有按要求完成？

√ 考核的细则是否方便考官执行？

√ 有没有受到外在因素的干扰或制约？

√ 考官是否公正、客观？

绩效考核经过若干个月的试运行，HR对绩效考核的结果进行复盘，总结一下这次绩效考核的覆盖人群、考核结果数据的分布、指标的选取、考核实施的公正性、考核前后员工的业绩对比等，并进行回顾、分析。这个过程就是在做绩效管理的数据分析。

绩效分析的内容：

HR从多维度对绩效管理相关的数据进行诊断和分析，总结优点和不足，然后制定相应的改进措施，不仅可以为业务部门绩效改进提供参考，也可以为下阶段绩效工作的改进指明方向。

> ∨ 数据结果的分布情况。
>
> ∨ 与绩效目标的差距。
>
> ∨ 总结绩效考核本身是否有效。
>
> ∨ 绩效结果的应用情况。

典型案例 2

6月各部门的绩效考核结果已经出来了,具体如下:

表8-3 A部门绩效分数统计

序号	姓名	分数/分
1	A1	74
2	A2	72
3	A3	76
4	A4	75
5	A5	58
6	A6	81
7	A7	82
8	A8	80
9	A9	90
10	A10	53

表8-4 B部门绩效分数统计

序号	姓名	分数/分
1	B1	83
2	B2	86

续表

序号	姓名	分数/分
3	B3	85
4	B4	81
5	B5	75
6	B6	78
7	B7	88
8	B8	91
9	B9	87
10	B10	55

表8-5　C部门绩效分数统计

序号	姓名	分数/分
1	C1	87
2	C2	92
3	C3	75
4	C4	78
5	C5	93
6	C6	89
7	C7	96
8	C8	80
9	C9	90
10	C10	95

表8-6　D部门绩效分数统计

序号	姓名	分数/分
1	D1	73
2	D2	80

续表

序号	姓名	分数/分
3	D3	81
4	D4	83
5	D5	85
6	D6	74
7	D7	87
8	D8	76
9	D9	92
10	D10	56

表8-7　对考核结果划分等级

等级	评分区间	等级说明
A	90分≤分值	优秀
B	80≤分值<90	良好
C	60≤分值<80	一般
D	分值<60	差

考核结果公布后，有员工表示"不服"：

（1）A部门员工：听说别的部门分数普遍都很高，为什么我们部门偏低？

表8-8　各部门的绩效平均分

类别	A部门	B部门	C部门	D部门
绩效平均分	74	81	88	79

以考核结果的分数来看，C部门的整体平均分最高，A部门的整体平均分最低。

请思考：影响团队或部门平均分水平的因素有哪些？

（2）B部门员工B10：我的分数是本部门倒数第一，为什么他们的分数都比我高？

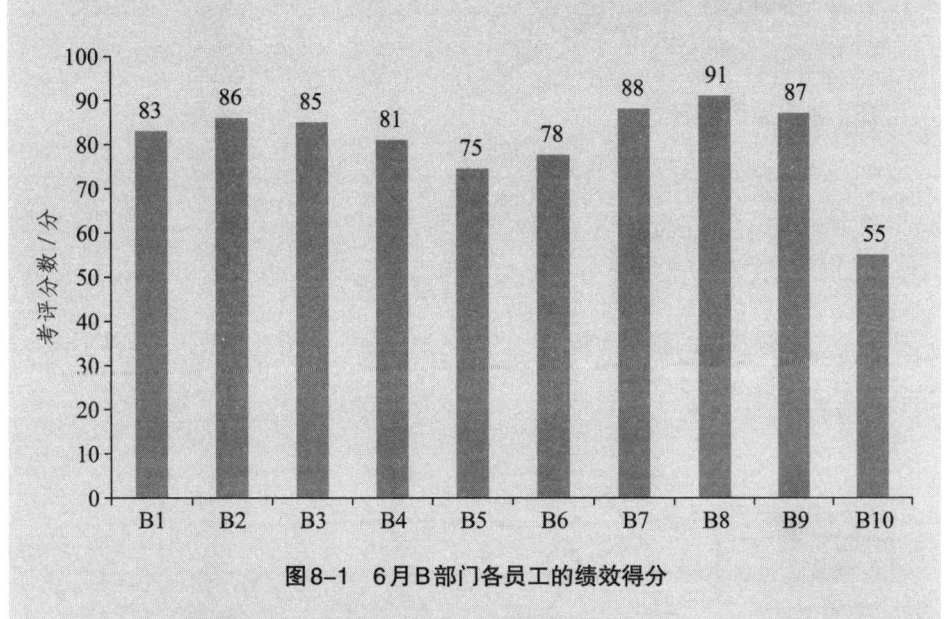

图8-1　6月B部门各员工的绩效得分

员工B10的分数在B部门排名倒数第一。

请思考：员工B10的绩效考核得分倒数第一的原因可能是哪些？

（3）C部门员工：我的分数和D部门的××一样高，为什么领导似乎却觉得"他更优秀"？

C部门有两个员工的分数与D部门的员工相同。

表8-9　C部门、D部门相同得分的员工

部门	员工	绩效分数/分	部门	员工	绩效分数/分
C部门	C2	92	D部门	D9	92
	C8	80		D2	80

这四名员工的绩效考核成绩是一样的，那么跨部门比较，谁更优秀？

从以上的案例中，我们可以发现什么规律呢？

看绩效实施的过程：

- 执行情况如何？
- 是否存在误差？
- 下次如何调整？

看绩效实施的结果：

- 是否与绩效目标存在差距？
- 产生差距的原因是什么？

绩效数据分析解决的是"验证绩效管理是否有效、合理、公平"的问题，这些都是与绩效管理的原理保持一致的。计划、执行、检查、改进4步都不能少。定计划、拿结果，少不了过程管控。定期复盘，目的在于纠偏、聚焦主线。

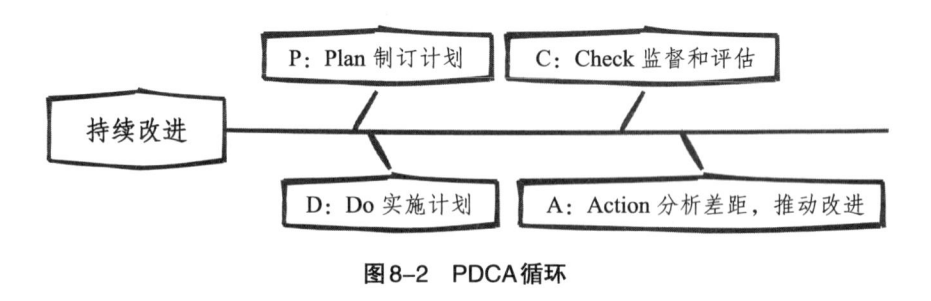

图8-2　PDCA循环

8.3　数据分析在绩效管理中的应用与案例分析

已知6月各部门的绩效考核结果（以上一节中4个部门的绩效考核结果为例）。

（1）绩效分数各区段人数和比例

表8-10　各部门的绩效分数分布情况

单位：人

组别	90分≤分值	80≤分值<90	60≤分值<80	分值<60	合计
A部门	1	3	4	2	10
B部门	1	6	2	1	10

续表

组别	90分≤分值	80≤分值<90	60≤分值<80	分值<60	合计
C部门	5	3	2	0	10
D部门	1	5	3	1	10
合计	8	17	11	4	40

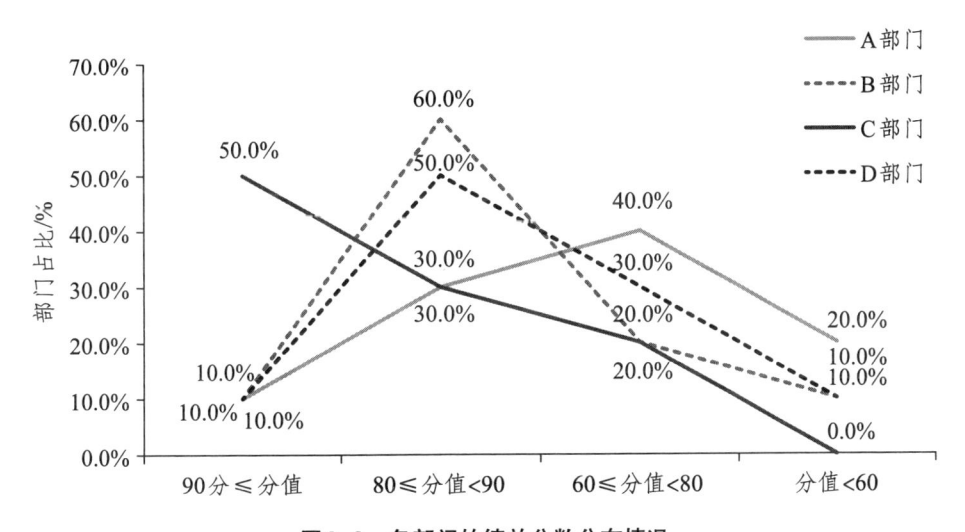

图8-3 各部门的绩效分数分布情况

请思考：

- 以上的图表是在分析什么？
- 什么样的绩效分数等级分布才是合理的？

如果做初步诊断，你的结论是什么？识别出了哪些规律？

是什么【结果先行】
1
2
3

是什么【数据支撑】
1
2
3

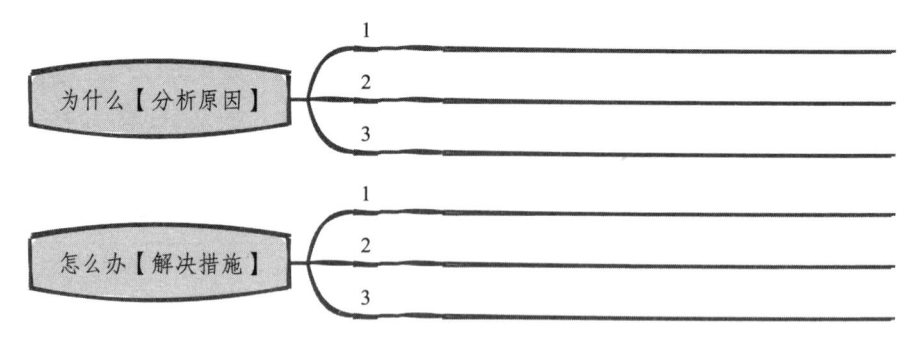

图8-4 数据分析思维

分析绩效分数等级分布，主要是关注"考评尺度"的一致性程度。

本例根据考核分数分了4个等级：A、B、C、D。

A等级的占比=（绩效考核分数在"90分≤分值"的人数÷总数）×100%

表8-11 各部门的绩效分数分布情况

组别	A 90分≤分值	B 80≤分值<90	C 60≤分值<80	D 分值<60	合计 （比例/%）
A部门	10.0	30.0	40.0	20.0	100
B部门	10.0	60.0	20.0	10.0	100
C部门	50.0	30.0	20.0	0.0	100
D部门	10.0	50.0	30.0	10.0	100

通常，绩效等级A、B、C、D的比例分布应符合正态分布，就是"两头低，中间高"，从而"区分优劣"。

- 大部分人能通过考核。
- 其中有少部分人能获得优秀。
- 团队可能还存在"拖后腿"的人。

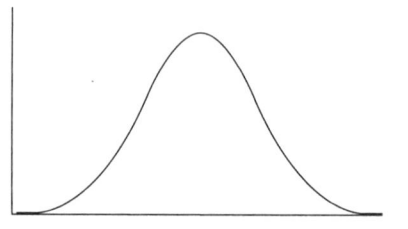

图8-5 正态分布

在这个案例中，每个部门只有10个人，考核结果不一定呈正态分布。但是如果部门人数很多，领导给自己部门成员的评分"普遍偏高或偏低"，怎么办？

整体偏高或偏低，如全部95分以上？全部70分以下？除了要审视绩效考核方案本身之外，还要看是否有必要亮出杀手锏——"强制比例分布"，限定各等级的人数或比例。

（2）跨部门的个体比较

回到前文问题，有四名员工的绩效考核成绩是一样的，那么跨部门比较，谁更优秀？

表8-12 相同成绩员工跨部门比较

部门	员工	绩效分数/分	部门	员工	绩效分数/分
C部门	C2	92	D部门	D9	92
	C8	80		D2	80

每个部门得分第一的员工之间相比，谁更优秀？

表8-13 各部门的最高分

部门	部门最高分员工	部门最高分/分
A部门	A9	90
B部门	B8	91
C部门	C7	96
D部门	D9	92

现在揭晓答案：

表8-14 各员工跨部门排名情况

部门	员工	绩效分数/分	绩效排名/名
A部门	A1	74	26
	A2	72	28
	A3	76	23
	A4	75	24
	A5	58	36
	A6	81	10
	A7	82	9
	A8	80	14
	A9	90	1
	A10	53	38

续表

部门	员工	绩效分数/分	绩效排名/名
B部门	B1	83	21
	B2	86	15
	B3	85	17
	B4	81	25
	B5	75	32
	B6	78	30
	B7	88	8
	B8	91	5
	B9	87	13
	B10	55	40
C部门	C1	87	27
	C2	92	12
	C3	75	37
	C4	78	35
	C5	93	7
	C6	89	19
	C7	96	3
	C8	80	34
	C9	90	18
	C10	95	4
D部门	D1	73	33
	D2	80	22
	D3	81	20
	D4	83	16
	D5	85	11
	D6	74	31
	D7	87	6
	D8	76	29
	D9	92	2
	D10	56	39

- 为什么A部门的A9绩效分数是90，总体排名却是第1呢？
- 为什么C部门的C7绩效分数是96，总体排名却是第3呢？

从表8-15中能发现什么？

表8-15　各部门的绩效成绩对比

单位：分

组别	个体绩效总分	绩效平均分	绩效标准偏差
A部门	741	74	10.50
B部门	809	81	9.80
C部门	875	88	6.98
D部门	787	79	9.44

- A部门的绩效平均分最低，但绩效标准偏差最高。
- C部门的绩效平均分最高，但绩效标准偏差最低。

个体绩效总分：各部门所有成员的绩效分数**求和**（可用Excel中的SUM函数）。

绩效平均分：各部门所有成员的绩效分数**求算术平均值**（可用Excel中的AVERAGE函数）。

绩效标准偏差：各部门所有成员绩效分数**求标准偏差**（可用Excel中的STDEVP函数）。

标准偏差

标准偏差（Std Dev，Standard Deviation），统计学名词。一种度量数据分布的分散程度之标准，用于衡量数据值偏离算术平均值的程度。标准偏差越小，这些值偏离平均值就越少，反之亦然。标准偏差的大小可通过标准偏差与平均值的倍率关系来衡量。

A部门的绩效平均分最低，但绩效标准偏差最高。说明A部门成员之间的绩效得分差异最大。那在"A部门绩效平均分为74"这样的环境中，成员A9的绩效分数是90，就算得上是"拔尖儿"的人了。

C部门的绩效平均分最高，但绩效标准偏差最低。说明C部门成员之间的绩效得分差异不大，而且大多都是88分左右的"绩优"成员。

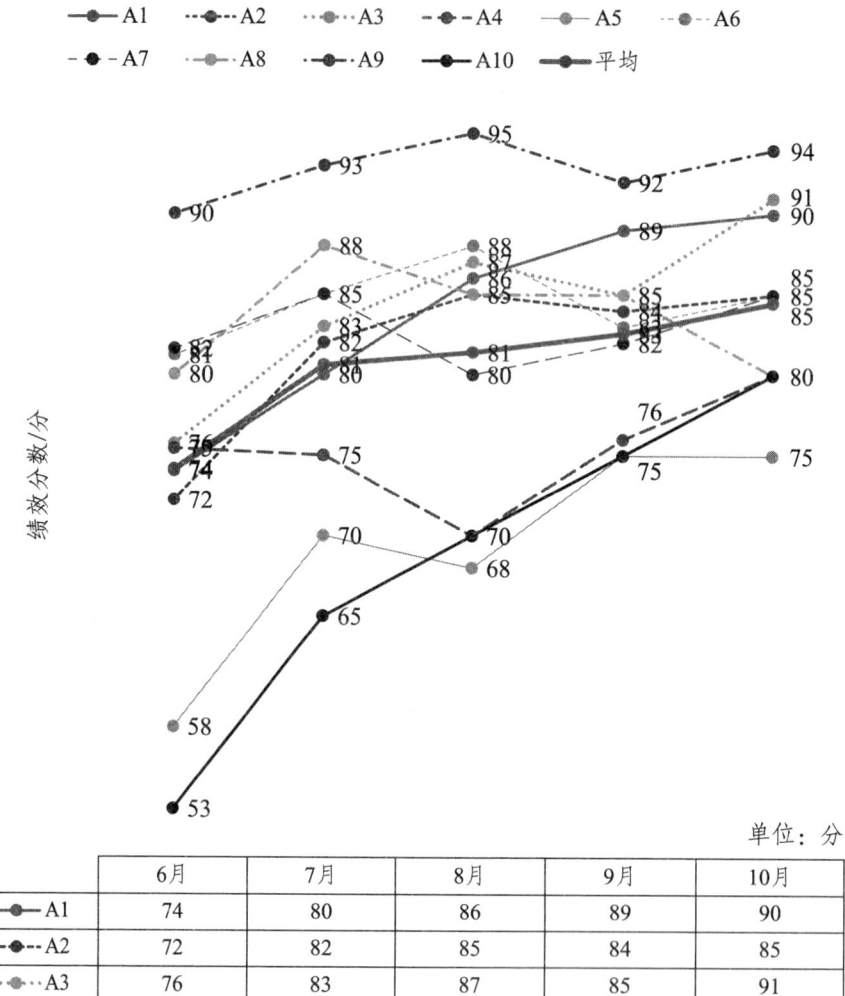

	6月	7月	8月	9月	10月
A1	74	80	86	89	90
A2	72	82	85	84	85
A3	76	83	87	85	91
A4	75	75	70	76	80
A5	58	70	68	75	75
A6	81	85	88	83	85
A7	82	85	80	82	85
A8	80	88	85	85	80
A9	90	93	95	92	94
A10	53	65	70	75	80
平均	74	81	81	83	85

图8-6　A部门某年6—10月的绩效分数汇总折线图

假设绩效考核从6月到10月的分数已汇总，接下来需要由HR与业务部门的主管一起完成阶段性的绩效反馈沟通，请思考：

- 10个成员在这五个月的表现有没有什么异常？
- 计划与哪些成员进行沟通？为什么？
- 侧重于关注哪些方面？

绩效反馈沟通：

- 主要成绩和进步。
- 还需要提升的方面。
- 探讨个人发展，帮助成长。

《一分钱》（儿歌）：

我在马路边捡到一分钱

把它交到警察叔叔手里边

叔叔拿着钱对我把头点

我高兴地说了声叔叔再见

如果"我把捡到的一分钱交给警察叔叔，叔叔拿着钱没有对我把头点，还批评我为什么要捡"，那么，猜猜看：

- 我是否会"高兴地说了声叔叔再见"？
- 我是否会"下次继续把捡到的一分钱交给警察叔叔"？

"做对奖励""做错鼓励"，有这么一个心理预期，是不是会增加"继续做对"的概率呢？

如果一个人觉得"工作做好了，反正没啥好处。你看他们做差了也没坏处"，那么猜猜看：

- 他是否愿意对工作尽责？
- 他是否愿意继续对工作尽责？

请思考：HR所在企业的绩效考核完成后：

- 对绩效考核结果的应用有哪些？

比如，被口头夸奖？调整奖金系数？薪酬调整？得到学习的机会？

- 效果怎样？

比如，提高士气一阵子？间歇性努力然后持续"躺平"？

- 关于对绩效考核结果的应用，有什么小妙招吗？

"人们会去做受到奖励的事情。"

想要什么就用什么激励，用什么激励就会得到什么。

本章小结

绩效考核是绩效管理的过程环节。绩效管理是管理者与员工的双向沟通。

任何制度的推行，都有个重要的前提，就是大家在思维上的认知一致，尤其是管理者。不然，如果团队里有人拖后腿，有人可能还是制度的破坏者，就很难推进。

HR从多维度对绩效管理相关的数据进行诊断和分析，总结优点和不足，然后制定相应的改善措施，不仅可以为业务部门绩效改进提供参考，也可以为下阶段绩效工作的改进指明方向。

对绩效管理工作的复盘本身就是一种分析。

看绩效实施的过程：

- 执行情况如何？
- 是否存在误差？
- 下次如何调整？

看绩效实施的结果：

- 是否与绩效目标存在差距？
- 引起差距的原因是什么？

想要什么就用什么激励，用什么激励就会得到什么。

HR DIGITAL TRANSFORMATION

第 9 章

HR在数字化转型中用数据驱动招聘管理

> **"三顾茅庐"的故事**
>
> 诸葛亮《出师表》："臣本布衣，躬耕于南阳，苟全性命于乱世，不求闻达于诸侯。先帝不以臣卑鄙，猥自枉屈，三顾臣于草庐之中……"
>
> 诸葛亮被刘备"三顾茅庐"的一片诚心所感动，此后，成为刘备亲密无间的助手，为其出谋策划，助力刘备逐渐站稳脚跟，建立起蜀国。

刘备为了复兴汉室，到处招纳人才，于是愿意自己"三顾茅庐"请高手。这说明：

- 人才难觅，刘备懂——优秀的人才会创造高绩效。
- 什么样的人值得老板"三顾茅庐"？刘备懂——"高绩效的人值得高规格的待遇"。
- 选拔比培养更重要，省时省心。刘备懂——"人对了，事儿就对了"。

若论识人高手，刘备一定算是一个。

9.1 要是没有这些琐事，招聘的痛点会在哪儿

（1）起了个大早赶了个晚集

如果把招聘本身看成招聘管理中的一个"点"，那么以下会是大部分中小企业HR的状态。

①筛选简历，还不一定有收获

自我消耗。在电脑前守一天，没找到让你眼前一亮的简历，会觉得这一天都是对自己的消耗。这8个小时浪费了。

②推给用人部门的简历，一次次被否决

③候选人的面试，又没通过

HR当然希望他/她能面试通过，毕竟简历是HR从"大海"里一份份认真筛选出来的。

④谁入职后又走了

尤其是新人入职后才工作几天就走了，HR继续找简历、约面试，宠辱不惊，再来一遍。

……

关于招聘，HR看起来对过程没有掌控权、对结果没有决定权，扮演的只是一个递简历的、传话的、打电话的、没有自己思想的"客服"。

但如果看得全面一些，如把招聘看作一个"面"，就会发现问题的背后原来还有更深层次的原因。

比如，"招聘工作一年到头都停不下来？用人部门或者领导说招就招"。

如果做了招聘计划，HR对招聘工作就能做到统筹规划、有的放矢、有条不紊。没有计划，显而易见的坏处就是，可能在简历最多、跳槽最多的招聘旺季白白浪费资源，又在简历枯竭的淡季因招聘困难影响公司业务的开展。

灵魂拷问：用人部门提出招聘要求，人力部门就一定要"唯命是从"吗？

HR对用人部门提出的要求不能过于盲从，用人部门提出招聘要求，HR可以先看看内部是否有合适人选，再考虑从外部招聘。

"用人部门一直不满意？面试上百还没找到心仪的候选人，造成资源浪费。"

会不会是因为人才画像不清晰，"什么样的人才是适合的"这个前提还没有理清呢？

（2）知其然，知其所以然，HR为何而招聘

虽然招聘工作的确很花时间：

- 招多少人——招聘计划、人力成本预算、定编、工作分析、人员盘点
- 招什么样的——胜任特征模型、招聘需求、任职资格与条件

- 从哪里招——选择合适的招聘渠道、招聘信息的发布
- 这个人是否合适——面试流程设计、简历筛选、结构化面试、测评

但HR除低头走路外，也需要抬头看天，"作为HR，你是为什么而招聘"：

- 领导的安排，这没有什么好质疑的。
- 我的本职工作就是招聘。
- 年初定的招聘计划。
- 用人部门提出了申请。
- 项目增加，业务增加。
- 有人离职。
- 需要淘汰不合格的员工。

一切工作都是为了战略落地，招聘也是。比如，公司今年的销售目标是1个亿，现有队伍能实现吗？

HR需要赶紧检查现有团队"能不能打胜仗"，在整个盘点和梳理的过程中，招聘计划也就自然产生了。

HR的招聘计划是怎么来的？

- 业务发展需要。
- 成本预算可控。
- 现有人员怎么样？
- 还需要从外部招聘多少人？
- 最终确定人力资源部门需要在什么时间招聘多少人、什么岗位、什么样的人。

（3）招聘工作的数字化面貌

现在市场中已经有成熟的数字化解决方案来提升招聘效能。借助AI智能、平台工具，海量、多变的招聘需求也能被高效完成。

以往HR在做简历筛选、打电话、预约面试、发邮件、协调面试、面试沟

通等环节消耗了太多时间，遇到招聘任务紧急或者招聘需求量大的时候，更是感觉无暇分身。

数字化转型后，数字化平台工具可代替 HR 做简历筛选、电话、预约、邮件、面试、评估、录用通知书发放、入职管理……招聘将变得更加智能化。

招聘流程被数字化解决方案优化，招聘的成本降低、效率提升。HR 瞬间感受到招聘中少了很多重复低效的工作，提升了工作体验。数字化平台工具的应用，使招聘环节更具智能化、更高效，使招聘过程的可控性更强，实时数据为工作改进提供了依据。

HR 从琐碎、繁杂、低效的事务性工作中解脱出来，终于可以有更多的时间去做更有价值的事情了。

假如以前三个 HR 在负责招聘，一年招聘 30 个人，数字化转型后，可能一个 HR 就能在两个月内完成招聘 200 个人的任务。同时，数字化解决方案的应用，使招聘过程中的动态实时数据也可为 HR 所用。

请思考以下两个问题：

- 事务性工作被科技取代，招聘 HR 会失业吗？
- 如果招聘 HR 与 AI 智能机器人协同工作，哪些事务仍需要由人工完成？

不能创造更大价值的 HR 会失业。HR 的价值将体现在如何搭建平台并为己所用、如何做数据分析，以及决策如何进一步优化工作等更有意义的工作内容上。

9.2 不同层级管理者爱看的招聘数据复盘

（1）招聘过程中的数据指标有哪些

每次面试完，HR 都会复盘：自己作为面试官，在专业度上还有哪些可以提升的？结构化面试问题还有没有可以调整的？比如，有多少简历投递、筛选了多少简历、面试了多少人、录用了多少人、到岗了多少人、招聘成本是多少等。

若HR对数据进行汇总统计、分析，那么招聘工作到底做得怎么样，就更加心里有数了。

按招聘流程，常用的数据指标如图9-1所示：

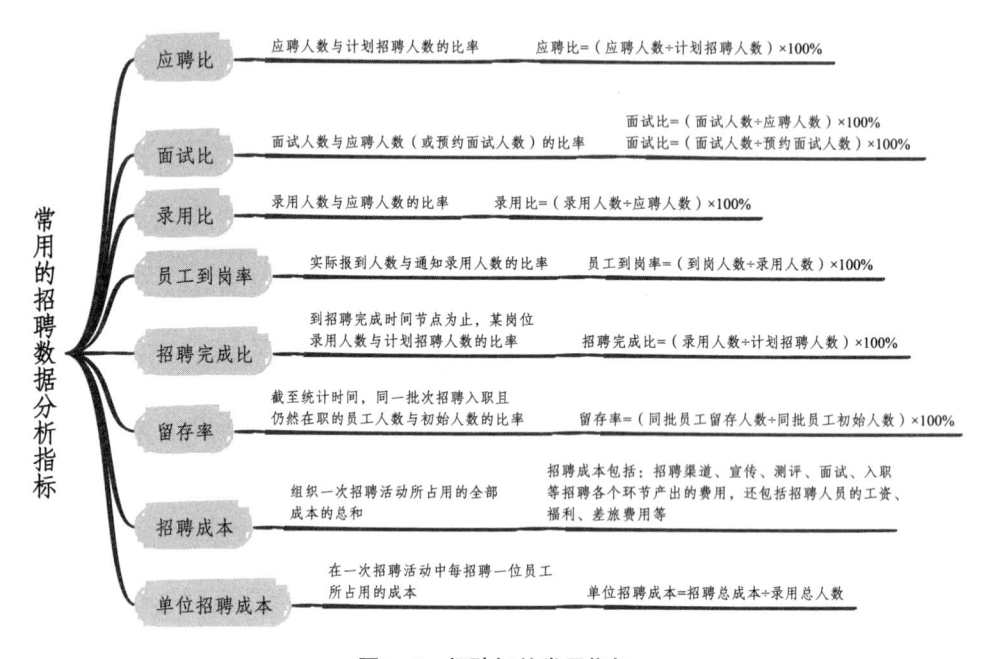

常用的招聘数据分析指标

- **应聘比**：应聘人数与计划招聘人数的比率　　应聘比=（应聘人数÷计划招聘人数）×100%
- **面试比**：面试人数与应聘人数（或预约面试人数）的比率　　面试比=（面试人数÷应聘人数）×100%　　面试比=（面试人数÷预约面试人数）×100%
- **录用比**：录用人数与应聘人数的比率　　录用比=（录用人数÷应聘人数）×100%
- **员工到岗率**：实际报到人数与通知录用人数的比率　　员工到岗率=（到岗人数÷录用人数）×100%
- **招聘完成比**：到招聘完成时间节点为止，某岗位录用人数与计划招聘人数的比率　　招聘完成比=（录用人数÷计划招聘人数）×100%
- **留存率**：截至统计时间，同一批次招聘入职且仍然在职的员工人数与初始人数的比率　　留存率=（同批员工留存人数÷同批员工初始人数）×100%
- **招聘成本**：组织一次招聘活动所占用的全部成本的总和　　招聘成本包括：招聘渠道、宣传、测评、面试、入职等招聘各个环节产出的费用，还包括招聘人员的工资、福利、差旅费用等
- **单位招聘成本**：在一次招聘活动中每招聘一位员工所占用的成本　　单位招聘成本=招聘总成本÷录用总人数

图9-1　招聘相关常用指标

（2）影响数据指标的因素

数据指标，旨在做分析，指标是否存在异常、有没有需要改进的地方，进而对招聘过程进行管控。虽然数据指标有很多，但也并不是所有指标都会被用到。以**应聘比**为例：

$$应聘比=（应聘人数÷计划招聘人数）×100\%$$

> HR参加了由某机构组织的线下招聘会：
>
> √ 职位A，计划招聘1人，应聘人数3人。
>
> √ 职位B，计划招聘1人，应聘人数5人。
>
> 接下来，HR参加了一场校园双选会：
>
> √ 职位A，计划招聘1人，应聘人数30人。
>
> √ 职位B，计划招聘1人，应聘人数3人。
>
> HR又参加了另一个学校的校园双选会：
>
> √ 岗位A，计划招聘1人，校园双选会应聘人数30人。
>
> √ 岗位B，计划招聘1人，校园双选会应聘人数40人。
>
> 第一场招聘会，收效甚微。
>
> 第二场招聘会，更适合招聘A职位。
>
> 第三场招聘会，适合招聘A、B职位。
>
> HR说，眼看那些同学拿着简历走向旁边的知名企业。

那么，影响应聘比的因素有哪些呢？

- 招聘渠道是否匹配。
- 是否有广告宣传。
- 信息的描述是否有吸引力。
- 职位名称是否合理。
- 招聘要求是否清晰。
- 薪酬福利是否有市场竞争力。
- 雇主是否有品牌。

简历收集到了，接下来，就是预约面试了。

> HR　A预约了20人，通话20人。
>
> HR　B预约了20人，通话10人。
>
> HR　C预约了20人，通话5人。

差别在哪里？

- A复盘说打电话的时候又与求职者沟通了很多，回答了候选人的好几个问题，面试前一天再次做了面试提醒和确认。
- B复盘说有几个人找到工作了。
- C复盘说好几个人说有事情来不了。

通过**面试比**，就可以把HR在这个环节的专业度给区分出来，反之，也可以检查和优化HR的自身工作。

那么，影响面试比的因素有哪些？

- 求职者还在看机会吗？
- 是否有针对本次招聘进行详细沟通？
- 回答疑问是否有专业度？
- 能否匹配求职者对工作的期待？
- 面试前是否再次确认？

与招聘相关的其他数据指标，它们的影响因素有哪些？

到这里，已经可以发现，不同的数据指标代表不同的意义，它们可用于高效诊断问题和分析原因。

（3）不同层级管理者的关注点不一样

不同的对象，关注的点不一样。

关注点不一样，沟通的内容就不一样。

沟通内容不一样，展示的指标也就不一样。

就像老板并不关注HR每天筛选了多少份简历、打了多少个电话，只关注结果：这个月招到合适的人了吗？什么时候到岗？为什么还没来？

而负责执行的HR则会关注过程，如，这个渠道合适吗？有多少人来面试？应聘比、面试比、招聘完成比是多少？

请思考：不同层级的管理会关注以上哪些指标？

9.3 数据分析在招聘管理中的应用与案例分析

数据需要日常积累

数据来源于平时的工作记录。

如果HR在年初做了招聘计划,并在招聘过程中完成了实时数据记录,那么HR在总结某个阶段的工作成效时,就有数据可统计、可分析。

数据汇总的时间周期可根据实际来,如周、月、年。

数据分析是一种思维方式,不用在表格的"造型"上过于拘泥,也不用过多纠结哪些维度才是正确的。正确并没有唯一的标准,只要明白我们统计数据是为了发现问题、解决问题、降低风险即可。

方便有用,就是合理的。

典型案例 1

记录招聘各环节的数据

说明:本章节案例的数据来自年度统计。

周期:1月1日—12月31日

表9-1 招聘活动的数据统计

单位:人

招聘岗位	需求人数	面试预约	被录用人数	未到岗人数	即将到岗人数	到岗人数	留存人数	已离职人数
职位1	1	40	4	4	—	—	—	—
职位2	2	20	5	2	—	3	2	1
职位3	3	80	6	4	1	1	1	—
职位4	1	60	4	2	—	2	1	1
职位5	2	138	11	8	1	2	1	1
职位6	3	60	2	1	—	1	—	1

续表

招聘岗位	需求人数	面试预约	被录用人数	未到岗人数	即将到岗人数	到岗人数	留存人数	已离职人数
职位7	1	3	1	—	—	1	1	—
职位8	10	200	15	5	3	7	7	—
职位9	1	15	3	2	—	1	1	—
职位10	2	35	2	—	—	2	2	—
总计	26	651	53	28	5	20	16	4

（1）从上面的数据统计表里可以得到哪些数据指标呢？

用招聘数据指标来分析招聘效果

表9-2　招聘相关指标的数据

单位：%

招聘岗位	录用率	到岗率	留存率	（周期内）招聘完成率
职位1	10.00	0.00	—	0.00
职位2	25.00	60.00	66.67	100.00
职位3	7.50	16.67	100.00	33.33
职位4	6.67	50.00	50.00	100.00
职位5	7.97	18.18	50.00	50.00
职位6	3.33	50.00	0.00	0.00
职位7	33.33	100.00	100.00	100.00
职位8	7.50	46.67	100.00	70.00
职位9	20.00	33.33	100.00	100.00
职位10	5.71	100.00	100.00	100.00
总计	8.14	37.74	80.00	61.54

（2）为了更直观地展示，可以使用折线图。

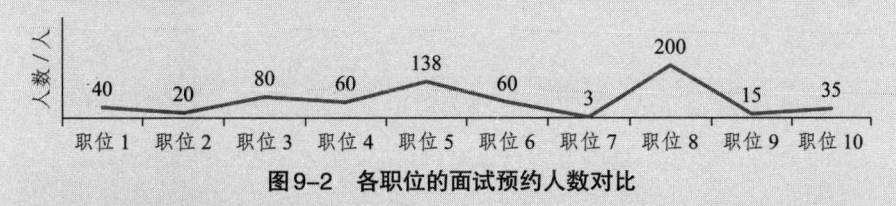

图9-2　各职位的面试预约人数对比

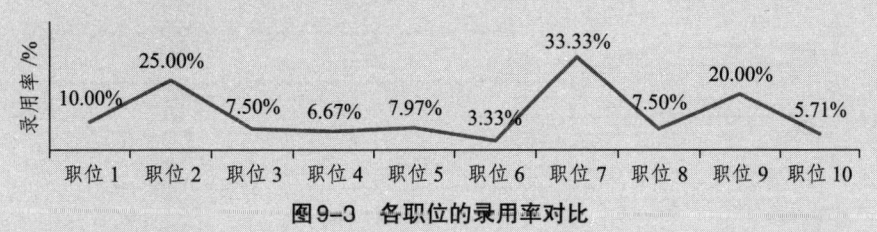

图9-3　各职位的录用率对比

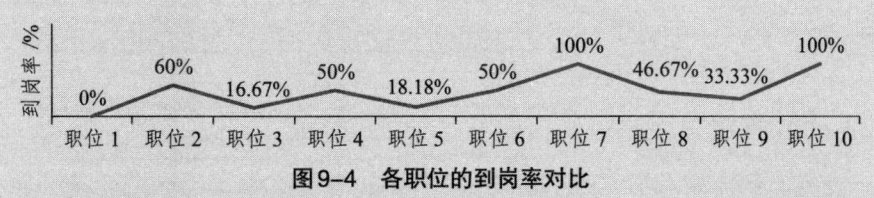

图9-4　各职位的到岗率对比

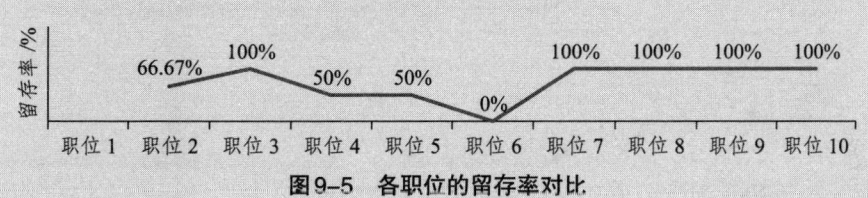

图9-5　各职位的留存率对比

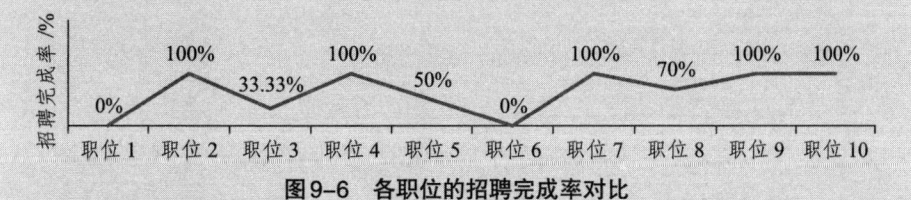

图9-6　各职位的招聘完成率对比

（3）诊断并分析

就像按医生的要求做了很多检查，接下来就是诊断的环节了。

HR可从以上图中发现什么规律吗？有哪些异常吗？是什么原因造成的呢？

按如下逻辑思考：

√ 最易招聘的职位是哪个？

√ 到岗率最低的职位是哪个？

√ 最难招聘的职位是哪个？

是什么【结果先行】
1
2
3

是什么【数据支撑】
1
2
3

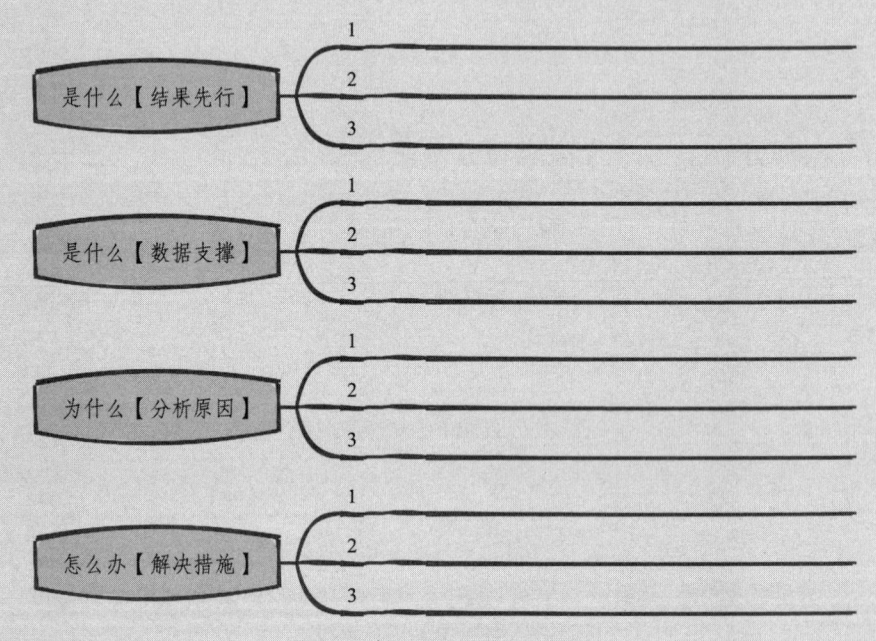

为什么【分析原因】
1
2
3

怎么办【解决措施】
1
2
3

图9-7　数据分析思维

（4）招聘渠道分析

再从招聘渠道进行分析，从每个渠道的面试预约人数、录用人数、成本这三个维度来分析招聘效果，统计数据如表9-3所示：

表9-3　各渠道的招聘数据统计

简历渠道	面试预约人数/人	录用人数/人	成本/元
招聘平台A	65	—	11000
招聘平台B	300	28	23000
招聘平台C	187	14	16000
招聘平台D	30	5	5000
线下招聘会	20	0	2000

续表

简历渠道	面试预约人数/人	录用人数/人	成本/元
校园招聘	39	2	5000
内部推荐	10	4	6000
总计	651	53	68000

表9-4 各渠道的招聘数据对比

简历渠道	招聘成果/%
招聘平台A	0
招聘平台B	9.33
招聘平台C	7.49
招聘平台D	16.67
线下招聘会	0.00
校园招聘	5.13
内部推荐	40.00
总计	8.14

（5）为了更直观地展示各招聘渠道的效果，可以使用折线图。

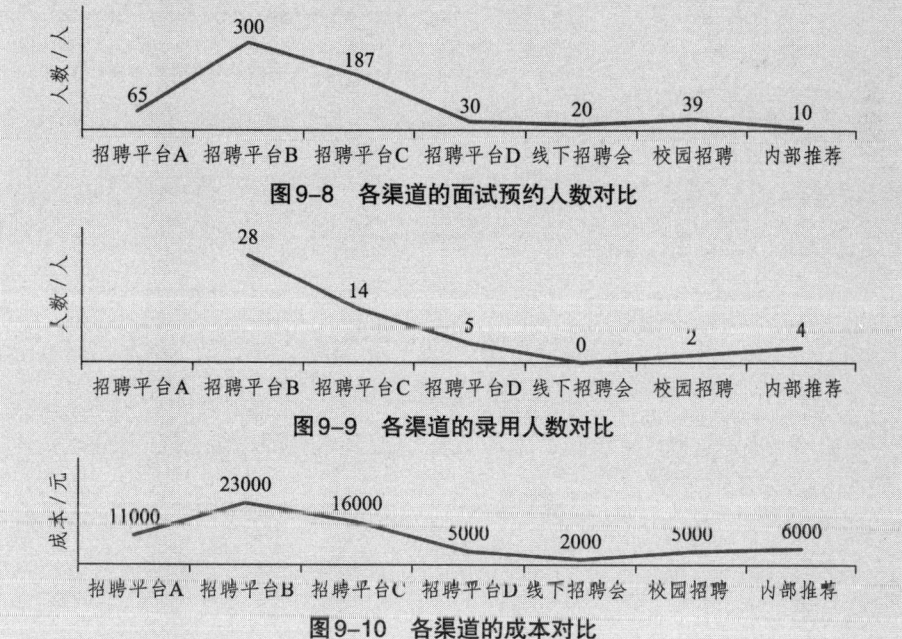

图9-8 各渠道的面试预约人数对比

图9-9 各渠道的录用人数对比

图9-10 各渠道的成本对比

录用人数/面试预约人数对比（%）

```
招聘平台A   招聘平台B   招聘平台C   招聘平台D   线下招聘会   校园招聘   内部推荐
   0        9.33%      7.49%     16.67%        0        5.13%    40.00%
```

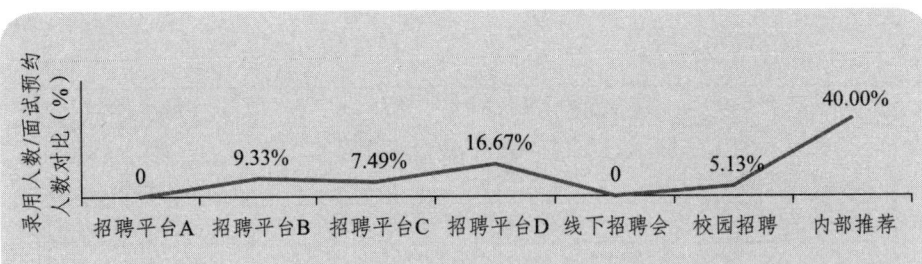

图9-11　各渠道的招聘成果对比

（6）诊断并分析

HR可从以上图中发现什么规律吗？有哪些异常？是什么原因造成的呢？

按如下逻辑思考：

√ 招聘简历来源最多的是哪个渠道？

√ 录用人数最多的是哪个渠道？

√ 最适合本企业的是哪个渠道？

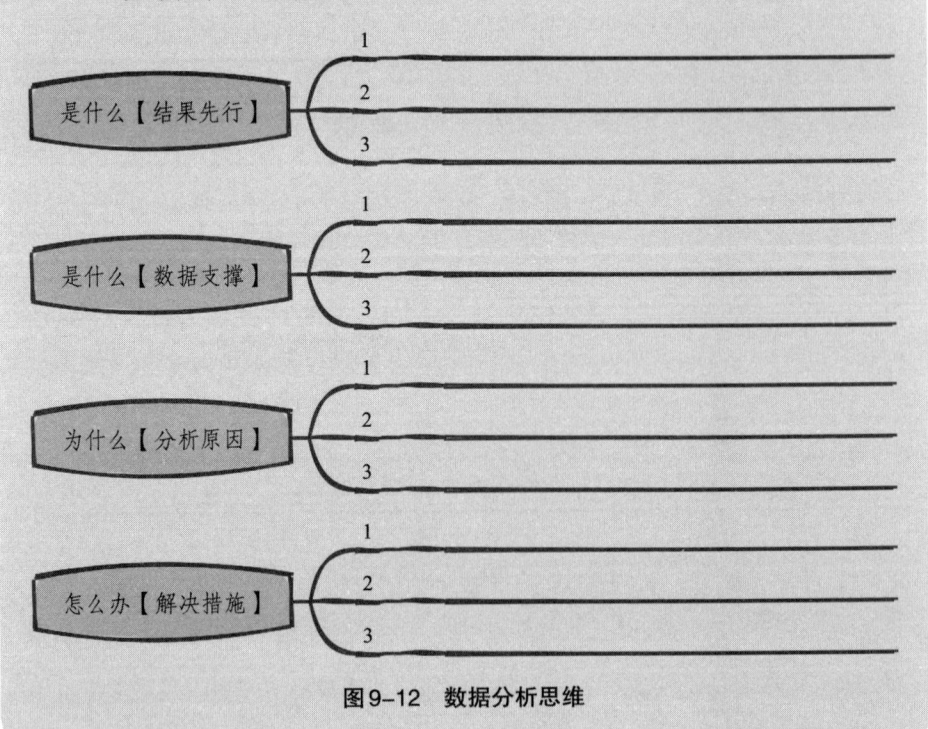

是什么【结果先行】
1.
2.
3.

是什么【数据支撑】
1.
2.
3.

为什么【分析原因】
1.
2.
3.

怎么办【解决措施】
1.
2.
3.

图9-12　数据分析思维

典型案例 2

看看招聘效果如何

录用统计表总览

表9-5 招聘活动的相关数据

招聘岗位/个	面试预约/人	共录用/人	实际到岗/人	期末留存/人	录用率/%	到岗率/%	留存率/%	招聘完成率/%
31	506	86	38	24	17	44	63	77

是什么【结果先行】：

√ HR前期做的简历筛选和面试工作中有很多无效劳动。

是什么【数据支撑】：

√ 录用率17%过低，相当于预约面试100个人，只有17个人可录用。

是什么【结果先行】：

√ 企业不能很好地吸引人才。

√ 招聘的不合适的人过多。

是什么【数据支撑】：

√ 到岗率44%，录用2人，还不到1人入职。

√ 留存率63%，其中试用期离职人数占比24%。

根据各岗位的面试预约

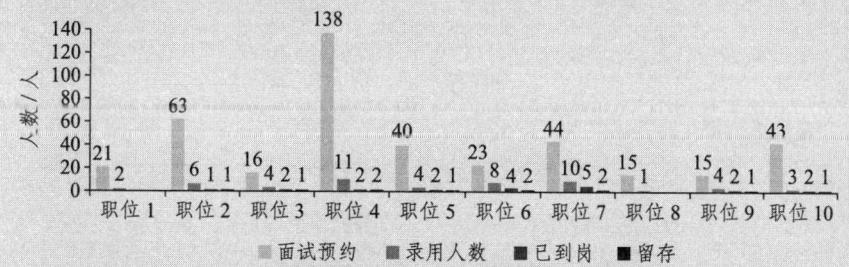

图9-13 各岗位面试预约与实际情况对比

写下发现：

√ 该年度的招聘重心放在三个职位上，分别是：职位2、职位4、职位7。

√ 85%的面试预约集中在其中的10个岗位上，且有2个岗位的面试预约量占了全年总量的40%。

√ 职位4的面试预约最多，达138人次，占年度总面试预约量506人次的27%。

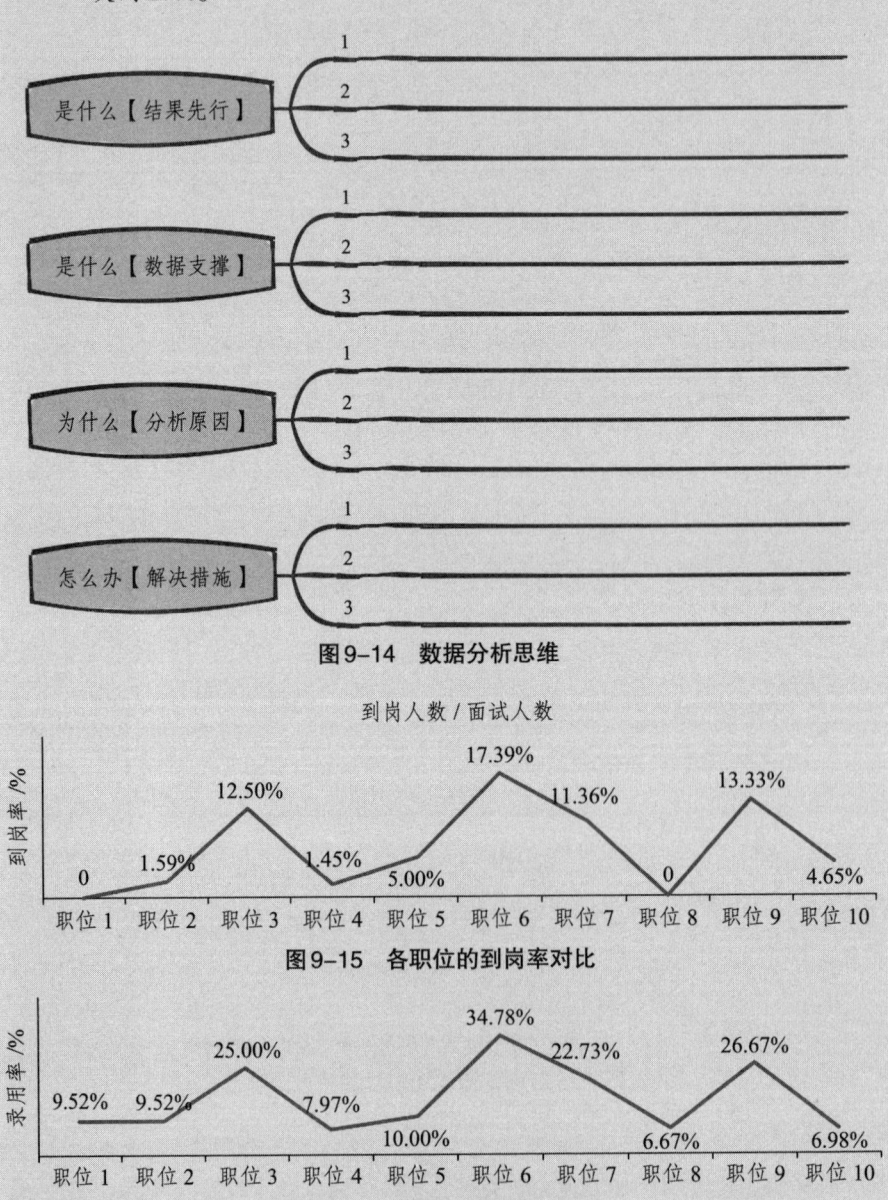

```
是什么【结果先行】 ── 1
                    2
                    3

是什么【数据支撑】 ── 1
                    2
                    3

为什么【分析原因】 ── 1
                    2
                    3

怎么办【解决措施】 ── 1
                    2
                    3
```

图9-14 数据分析思维

到岗人数/面试人数

到岗率/%：0（职位1）、1.59%（职位2）、12.50%（职位3）、1.45%（职位4）、5.00%（职位5）、17.39%（职位6）、11.36%（职位7）、0（职位8）、13.33%（职位9）、4.65%（职位10）

图9-15 各职位的到岗率对比

录用率/%：9.52%（职位1）、9.52%（职位2）、25.00%（职位3）、7.97%（职位4）、10.00%（职位5）、34.78%（职位6）、22.73%（职位7）、6.67%（职位8）、26.67%（职位9）、6.98%（职位10）

图9-16 各职位的录用率对比

写下发现：

√ 职位4、职位2的招聘效率太低。

√ 职位4面试的预约人数最高，达138人次，占年度总面试预约量506人数的27%；录用率反差太大，低至7.97%，到岗与面试比更是低到1.45%。

√ 职位2面试的预约人数排名第二，达63人次，占年度总面试预约量506人数的12%；录用率反差太大，低至9.52%，到岗与面试比更是低到1.59%。

√ HR和部门都想提高面试通过率。

请思考：

从以上图中发现什么规律吗？有哪些异常？是什么原因造成的呢？如何解决呢？

按如下逻辑思考：

是什么【结果先行】
1
2
3

是什么【数据支撑】
1
2
3

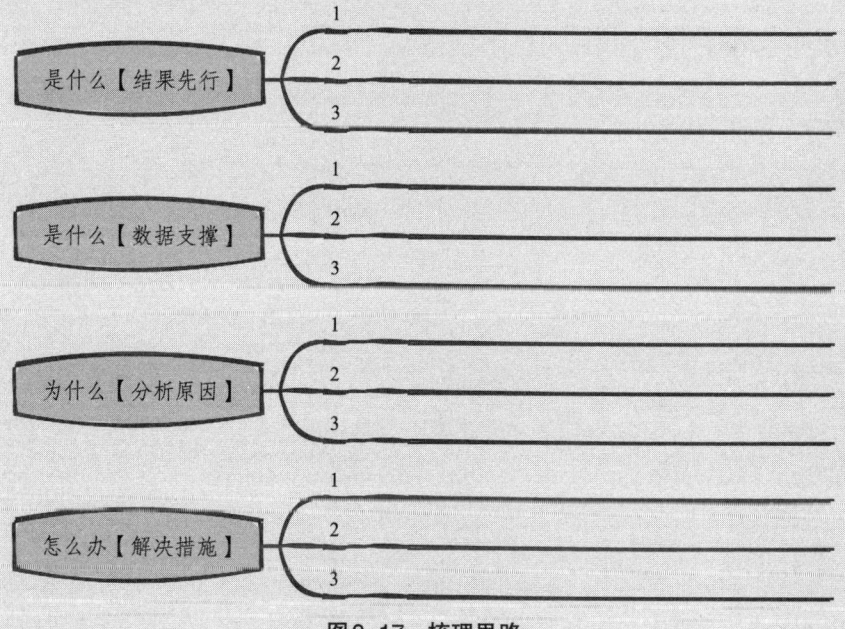

为什么【分析原因】
1
2
3

怎么办【解决措施】
1
2
3

图9-17　梳理思路

本章小结

数据指标，旨在做分析，分析指标是否存在异常、有没有需要改进的地方，进而对招聘过程进行管控。虽然数据指标有很多，但也并不是所有指标都会被用到，更不是为了使用指标而使用指标。

数据分析是一种思维方式，不用在表格的"造型"上过于拘泥，也不用过多纠结哪些维度才是正确的。正确并没有唯一的标准，只要明白我们统计数据是为了发现问题、解决问题、降低风险即可。

不同的对象，关注的点不一样。

关注点不一样，沟通的内容就不一样。

沟通内容不一样，展示的指标也就不一样。

比起关注HR每天筛选了多少份简历、打了多少个电话，老板更关注结果，如想招的人到位了没。

HR DIGITAL TRANSFORMATION

第 10 章

数据可视化，让HR的分析更有视觉冲击力

10.1 数据可视化表达的四个误区

可视化，数据分析的"最后一公里"

从数据中寻找规律、进行分析，这本身是一个既烦琐又严谨的过程。在前面所有的步骤中，我们已经做了99%，离完工还有"最后一公里"，那就是数据可视化。

有人说，现在都用AI智能平台了，数据分析可视化完全不需要人工来操作了。但这些可视化界面的背后离不开设计逻辑。

如果我们懂得基本的逻辑，那么那些版式复杂、多变、智能的可视化界面是不是更能得到充分利用呢？

在前文中我们提到，人类获取信息的来源主要是视觉。相比文字、数据、表单等，图像媒介在传播方式上更接近人的本性，也更容易被接受。可视化的目的，不是为了炫酷而炫酷，也不是为了可视化而可视化，而是为了降低客户的理解成本。

若HR把前面的工作做得很精细，最后的结论也同样表达和展示得很清晰，就更能体现HR的专业素养。

在使用数据可视化时，建立良好的习惯很重要，以避免出现以下四个误区：

①过于追求数据的可视化

前文中有这样的例子：

表10-1 3月各区域员工的销售业绩

区域	姓名	销售额/万元
北京	员工1	33
	员工2	27
	员工3	51

续表

区域	姓名	销售额/万元
北京	员工4	112
	员工5	35
	员工6	62
	员工7	200
上海	员工8	44
	员工9	87
	员工10	70
	员工11	40
	员工12	148
	员工13	13
	员工14	173
深圳	员工15	40
	员工16	22
	员工17	217
	员工18	51
	员工19	176
	员工20	118
	员工21	62
	员工22	86
	员工23	89
武汉	员工24	102
	员工25	203
	员工26	52
	员工27	61
	员工28	86
	员工29	170
	员工30	81
	员工31	198
总计		2909

当时用的是条形图来展示各区域的销售业绩：

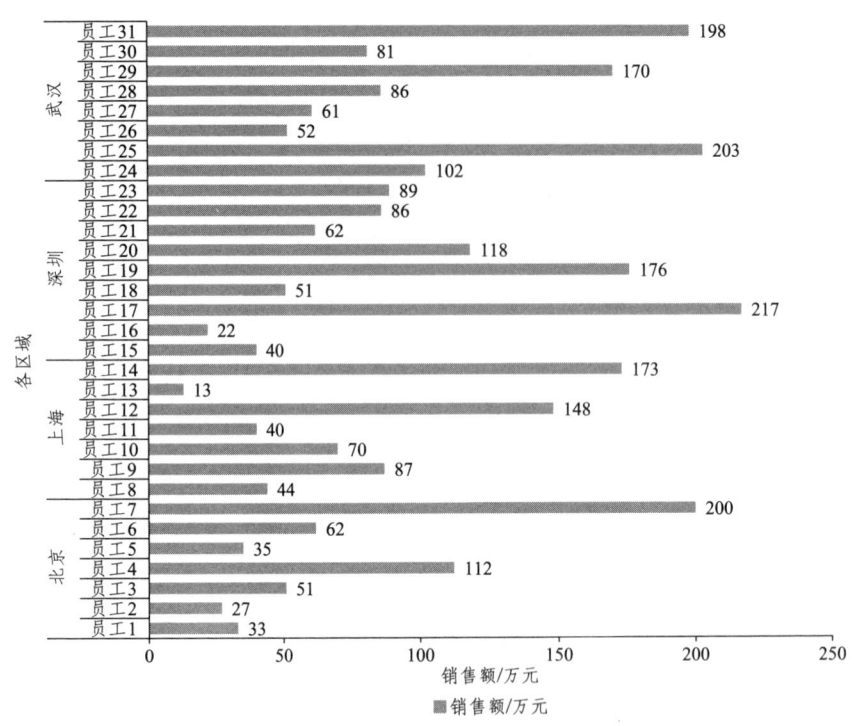

图10-1 3月各区域的销售业绩

现在，我们再给这个例子加上场景：

领导想知道这四个区域的销量排名，哪个区域是第一？

若用图10-1来解答领导的问题就不够直观，若换成图10-2就很清晰。

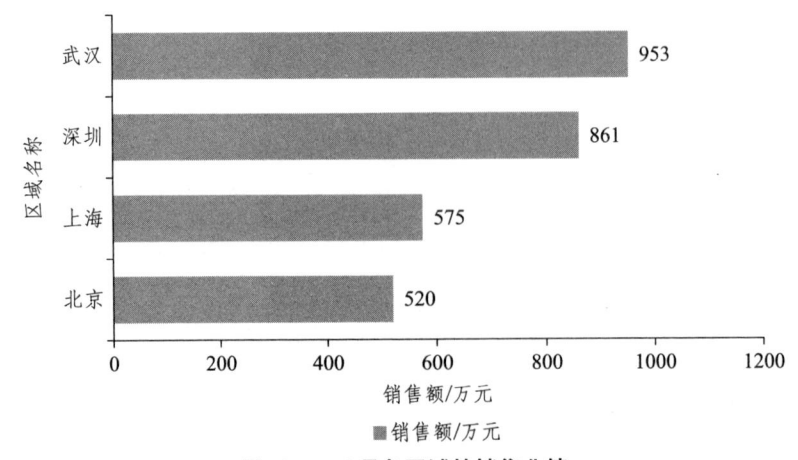

图10-2 3月各区域的销售业绩

盲目追求数据展示的全面性会导致"答非所问""没有重点"。因此，并不是所有的数据都有必要可视化。实践中，有价值的信息才值得可视化。

②过于追求图表的标新立异

前文中有这样的例子，"不同年龄的人数分布情况"：

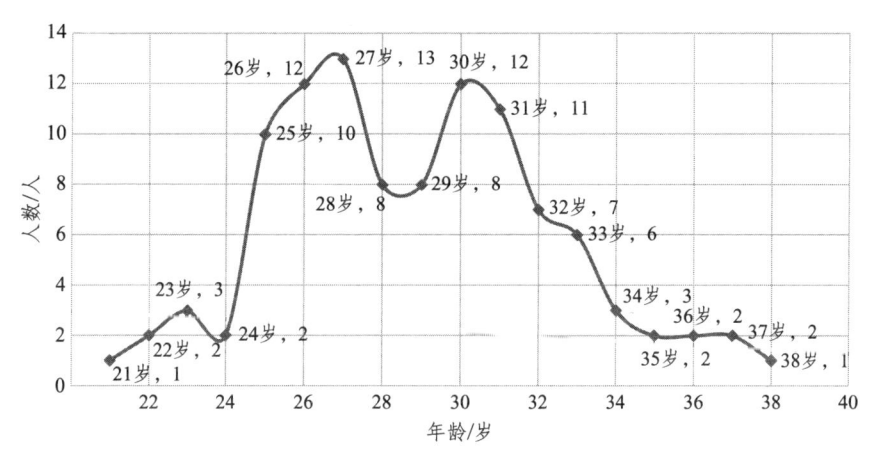

图10-3　不同年龄的人数分布情况

试试雷达图：

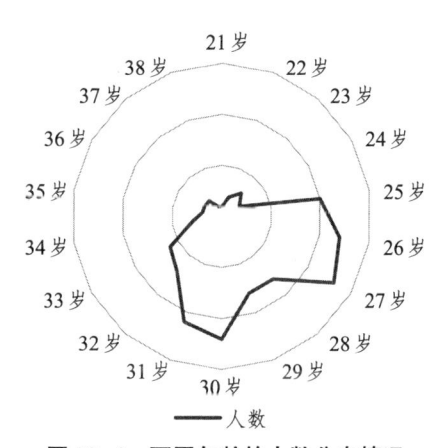

图10-4　不同年龄的人数分布情况

再试试动态图？

其实在用图表时，最重要的是展示数据。可以关注图表的美观，但不必追求标新立异。图表是用来展示数据分析结果的，是载体，是外在形式；数据、分析，才是内涵，是价值所在；眼花缭乱并不高级，还会分散注意力。

③为了追求结果好看而修饰数据

前面的章节有这样的例子：

表 10-2 2019—2023 年经营数据

单位：万元

	2019年	2020年	2021年	2022年	2023年
营业收入	5000	6000	10000	7000	5200
净利润	1600	2100	2560	1080	850

从这些数据看起来，"企业并没有蒸蒸日上"，要不要修改一下原始数据呢？

可能因为这些数据"关乎企业真实实力，不太好作假"，那么，其他看起来不那么重要的数据是不是就可以修饰修饰呢？

不！不可以为了报表好看而调整原始数据。

为达到特别目的的数据分析，不是数据分析的价值所在。

数据分析本身是从现有的、杂乱无章的数据中发现规律，进行分析，并为决策提供依据，从而改进现有工作。没有参考价值的数据，就会带来没有意义的数据分析。

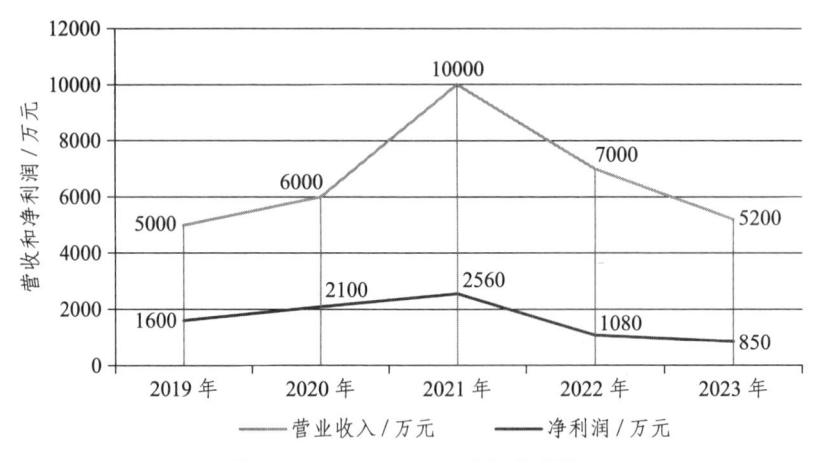

图 10-5 2019—2023 年经营数据

④图表信息不完整

前面的章节有这样的例子：

表 10-3 ××年度××公司工资相关数据

单位：元

	1月	2月	3月	4月	5月	6月	7月	8月	9月	10月	11月	12月
总额	584954	583000	580000	600000	618815	618815	629249	623478	623832	633800	630000	632425

如果是这样的柱状图：

单位：元

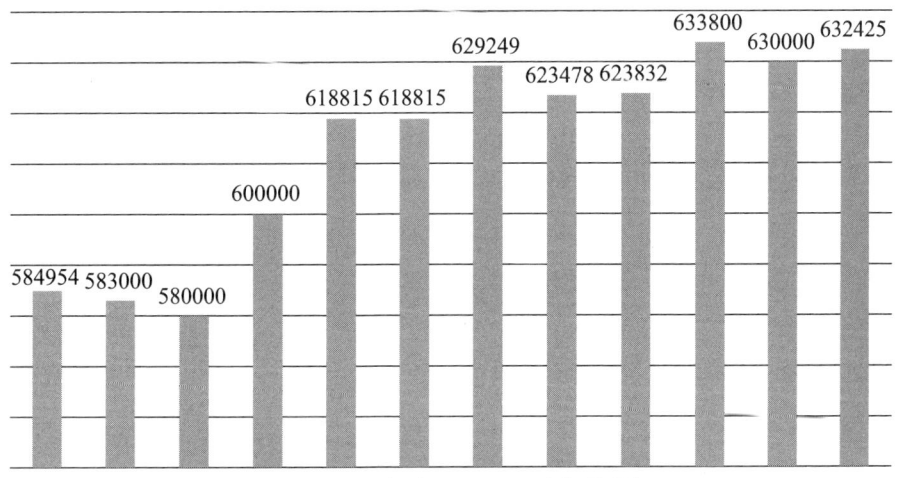

图10-6　××年度××公司工资相关数据

不明白的人看这幅图会是什么反应呢？

这些数字代表的是啥？上图中，横、纵坐标相关信息标示不到位，就让人完全摸不着头脑。

若换成下图呢？

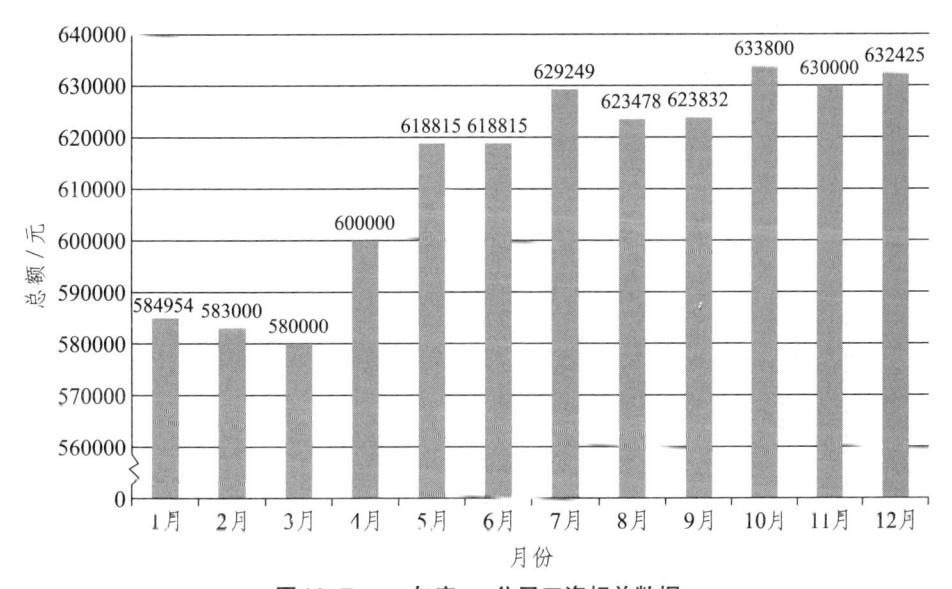

图10-7　××年度××公司工资相关数据

标注数据的来源、时间等，并确认数据准确无误，保证图表的严谨，是数据可视化最基本的要求。数据可视化，是为了降低理解成本，而不是增加理解成本。

10.2 从用户视角思考需求

（1）候选人的简历在哪里

HR自从在招聘平台上挂出了需要招聘的职位后，每天都能在邮箱里收到很多简历。除了平台推送的简历之外，还有候选人自己投的。

有时候候选人也很关注自己投递的简历有无回音，会打电话给HR："我投了简历，不知收到了没？"HR在邮箱里查找，好不容易才找到。据观察，在众多来自候选人的简历投递邮件中，标题大致有以下两种：

1.邮件标题是"个人简历"，附件的简历命名是"个人简历"；

2.邮件标题是"姓名+应聘职位"，附件的简历命名是"姓名+应聘职位"。

HR会更认可哪一种方式呢？

显然是第二种。因为选用这种方式的候选人有"理解HR"，帮HR节约了时间。

换位思考，成就用户，这才是正确的思考路径，也就是用"用户视角"思考。

（2）数据分析可视化，是给谁看的呢？

以HR交付的数据分析为例，HR的可能受众用户包括：老板、员工、部门管理者，不仅有公司内部人员，还有外部的人员

用户不一样，需求不一样，数据分析的目标也不一样。

- 专员：这个月的社保交了吗？

- 经理：这个月的工资核算完了吗？

- 老板：客户什么时候回款？

同样是管理者，不同层级管理者的关注点也不一样。要先懂他/她、了解他/她、理解他/她，明确数据分析真正的需求。

典型案例 1

有个场景，薪酬经理正在汇报5月发薪数据。台下有四位管理者：老板、人力资源部经理、销售部总监和招聘经理，那么这四位领导会感兴趣的数据分别是什么呢？

数据分析可视化需要关注：用户是谁？他/她想不想听？他/她能不能听得懂？

需求不同

√ 老板闷闷不乐："今年很难，明年更难。发工资的钱够不够？"

√ 人力资源部经理感到疑惑："最近一年的月工资总体变化有没有异常？"

√ 销售部总监不服："薪资总额最多的部门创造的价值是最高的吗？"

√ 招聘经理不确定："企业能不能很好地吸引人才？"

认知不同

身份不一样、角色不一样，用户对数据分析可视化的理解也不一样，"收获感"就自然不一样。

关键在于我们的产品、服务和经验能够帮助他们完成什么任务或者达成什么目标。[1]

---

[1] ［美］凯西·赛拉：《用户思维+》，石航译，人民邮电出版社2017年版。

典型案例 2

再看这个例子，前文中关于3月各区域的销冠业绩。

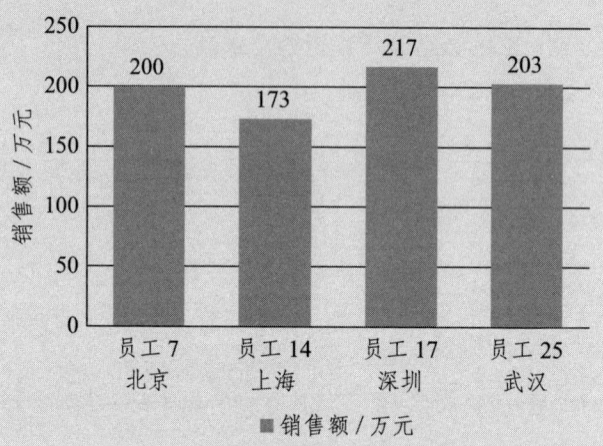

图10-9 3月各区域的销冠业绩

猜猜谁会对此图更感兴趣？

∨ 北京区域的销售员。

∨ 新入职的销售员。

∨ 上海的区域经理。

∨ 贵州的区域经理。

∨ 人力总监。

∨ 营销部门总监。

当3月各区域的销冠业绩出炉，这六个身份不同、角色不同的人，分别会想到什么？

以下情绪，更可能是谁的：

∨ 我们区域下个月一定要加油啊！

∨ 我们区域什么时候能有个销冠？

∨ ××区域管理初见成效！

∨ 这些前辈都好厉害啊！

> √ 这个月的业绩和上个月持平！
> √ 再努力一下，争取下个月做销冠！
> **数据分析可视化不只完成了信息的传递，还会"引导情绪"。**

10.3 从产品视角提升价值

为什么人力资源数据分析需要解决措施

前文中曾多次提到，数据分析在做诊断时，最后一定要落脚在提出解决方案上。只会发现问题、提出问题显然是不够的，也就是通常领导所说的："你很专业，但是没有解决问题呀？"

是什么【结果先行】
1
2
3

是什么【数据支撑】
1
2
3

为什么【分析原因】
1
2
3

怎么办【解决措施】
1
2
3

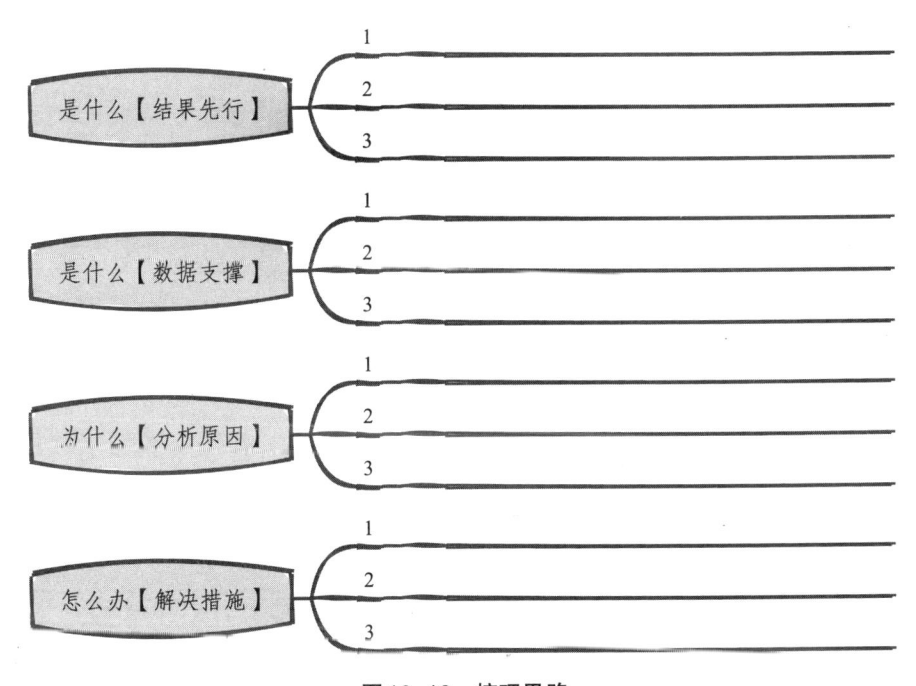

图10-10 梳理思路

有价值的数据分析能帮助客户、满足诉求，并提供解决方案。

精细化诊断是解决"为什么+怎么办"的过程，也是进一步验证问题，并给出相应解决方案的过程。这一步，最能够体现HR的价值。

因此，数据分析就是**为特定的客户解决特定的问题**。

这和产品设计的本质是一样的——产品也是为需求而设计，产品存在的价值程度就是被用户、市场需要的程度。有价值的产品才是好产品，那么，产品的价值又是如何被定义的？

> 产品价值是由产品的功能、特性、品质、品种与式样等所产生的价值。

> 《人人都是产品经理》[1]提出了产品新人必须面对的核心问题：
> √ 我们为什么而做？
> √ 我们在做什么事、解决什么人的什么问题？

看一个熟悉的案例：

典型案例 1

公共交通繁荣的背后存在"最后一公里"的问题。如何解决从公交站或地铁站到家或者公司的最后一段距离，成为人们利用公共交通出行的烦恼。共享单车公司摩拜（现为美团单车）遂提出"不让最后一公里，成为绿色出行的阻碍"，只用一年时间就实现了市场占有率行业第一。

表10-4 用分析框架实践1

客户	千千万万出行的人
场景	公共交通出行
痛点	从公交站或地铁站到家或者到公司还有最后一段距离，太不便捷
产品	推出低碳环保、可方便使用的共享单车

---

[1] 苏杰著，电子工业出版社2010年版。

表10-5　用分析框架实践2

是什么【结果先行】	公共交通繁荣背后存在"最后一公里"的烦恼
是什么【数据支撑】	千千万万人出行的烦恼，事实胜于雄辩
为什么【分析原因】	从公交站或地铁站到家或者到公司还存在最后一段距离
怎么办【解决措施】	推出低碳环保的共享单车，加大各地的单车投放量，在城市内的任一地点均可方便、快捷地使用

市场认可共享单车这款产品的原因是什么？

产品存在的价值程度就是产品被用户、市场需要的程度。

因为被需要、有价值，所以用户愿意买单。

表10-6　产品思维与数据分析的关系

产品思维	寻找解决方案	数据分析
我们为什么而做？	明确数据分析的需求	是什么【结果先行】 是什么【数据支撑】
我们在做什么事，解决什么人的什么问题？	客户、场景、痛点	为什么【分析原因】 怎么办【解决措施】
提升用户体验	被需要的程度	提升客户满意度
被需要→价值感→愿意买单		

典型案例 2

一家成立5年的互联网公司2022年年末的总人数为120人，2023年离职的人特别多。业务部门领导很焦虑：人手不够，公司又留不住人。

一位新入职的人力资源部经理统计了公司最近两年的离职数据。

表10-7　公司2022—2023年的离职数据统计

离职类别	离职人数/人	
	2022年	2023年
被动离职	10	35
主动离职	20	45
合计	30	80

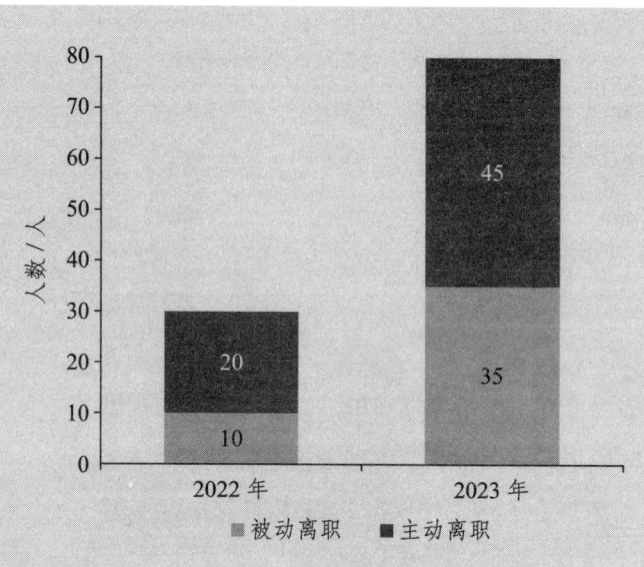

图10-11 公司2022—2023年的离职数据统计

从2022年、2023年离职数据上看：

是什么【结果先行】：相比于2022年，2023年的离职人数剧增。

√ 是不是痛点？

√ 这个痛点够不够痛？

√ 痛点有没有被全面地展示出来？

数据分析可视化的意义，在于它能够识别问题和风险，然后为解决问题、规避风险的方案提供支持。

产品被市场认可是因为产品解决了用户的痛点，而数据分析可视化被客户认可是因为其能诊断并解决客户的痛点。

10.4 从经营视角剖析管理

（1）HR能帮老板做什么

前文中有这样的例子：

表10-8　2019—2023年经营数据统计

单位：万元

类别	2019年	2020年	2021年	2022年	2023年
净利润	2000	3100	3650	1580	-1000

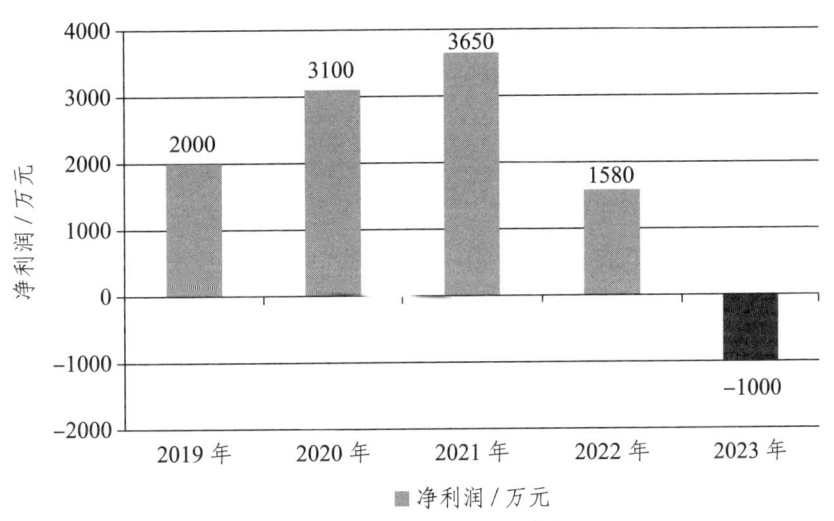

图10-12　2019—2023年经营数据

老板对此十分不满意：

- 今年的目标实现了吗？
- 销售/利润达成了吗？

老板："请问HR，你能帮我解决什么呢？你能帮我把那个大客户抢过来吗？你能把产品研发出来吗？你能把合同签回来吗？"

HR："我不能直接帮你抢客户、研发产品、销售产品，但是我可以用人力资源的知识和技能来支持你的目标实现，避免出现2023年负利润这样的结果。除此之外，数据分析本身就含有对过去的工作成果做总结，我还可以通过数据分析识别风险，提高决策的正确率。比如，在2021年也许就能发现公司存在某些问题，若及时纠偏，2022年就不会发生利润减半的结果。"

结果思维：像老板一样关注企业的经营结果。

人力资源数据分析，也是"治未病"——帮助管理者未雨绸缪。诊断企业经营和管理状况，降低经营和管理风险，提高决策的正确率。

我们可以感受到，"老板关注企业的经营结果"，问话总是那么"快、准、狠"，那HR能不能做到"经营视角关注哪些信息，就可视化哪些数据和指标"？这样是不是更能事半功倍，与老板的沟通能更有效率呢？

继续讨论前例，"导致2022年利润下降的原因是什么"？实际经营中，利润下降有着多重复杂的因素，这里以"人力成本"为影响利润的关键因素来举例说明：

表10-9 2019—2023年人力成本数据统计

类别	2019年	2020年	2021年	2022年	2023年
人力成本总额/万元	1800	2090	3480	4125	2860
人力成本增长率/%	—	16.11	66.51	18.53	−30.67

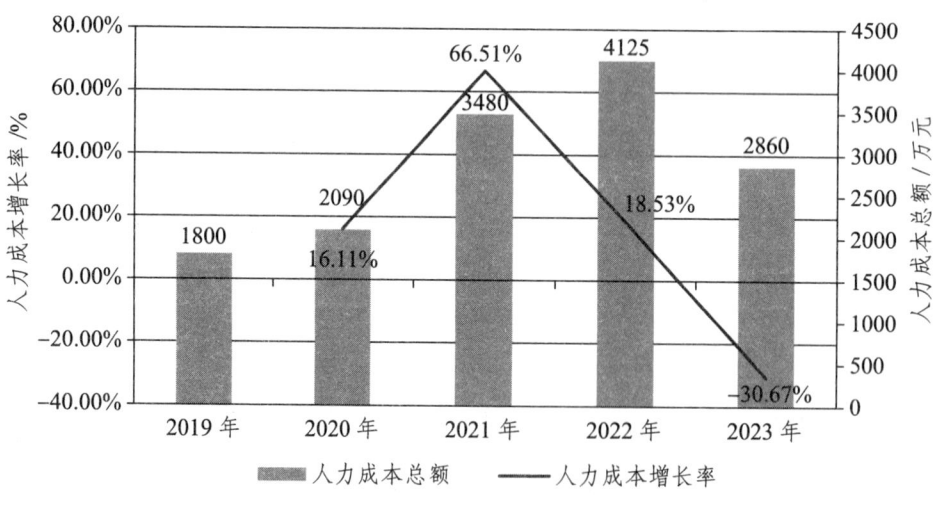

图10-13 2019—2023年人力成本数据

经过数据分析发现：

影响净利润的关键因素包括：人力成本、原材料成本等。其中，2021年、2022年的人力成本逐年上升，2022年为4125万元；另外，原材料成本等也大幅上升（此处数据略），因此导致2022年利润大幅下降。

可视化的数据分析没有添加其他细枝末节的数据。

先给出结果，再剖析原因，"以终为始"，更精准地可视化。这样做数据分析可视化，自然会大大提高HR与领导之间的沟通效率。

（2）经营视角与管理的关系

"老板关注的企业的经营结果"到底是什么？

重新来分析前文对话，假定HR说的已成为事实。2023年年末："今年目标已实现！销售/利润已达成！"

不仅如此，从经营的视角看，财务报表的其他数据也很好看，如成本在可控制的范围内、现金流也很充裕。那么2023年，老板将是"小满意"的。若是以后各年，各项数据指标都呈良性增长的话，老板就将"更满意"。

因此，提到"经营"，其中一定包含"投入产出等系列过程都能持续"的意思。比如，"今年有产出，明年有，后年还可以有"，"今年有得赚，明年也会，后年还可以赚"。

而提到"管理"，其中一定包含"用什么机制或手段来实现"的意思，就是想办法解决经营中的各种问题。比如，"用什么机制或手段来实现：今年有产出，明年、后年还可以有"，"用什么机制或手段来实现：今年有得赚，明年、后年还可以赚"。

> 经营和管理相比，经营侧重指动态性谋划发展的内涵，而管理侧重指使其正常合理地运转。

不仅如此，人力资源数据还可以预测问题，我们再回到前文的例子：
从经营的视角剖析管理，数据分析可视化的目标就是：
（1）是否可以帮助企业诊断：能不能可持续发展，有没有存在风险？
（2）是否提供了解决方案：如何才能可持续发展，提高正确的决策率？
用数据驱动决策，进而降低试错成本，真正帮助企业降低管理风险。

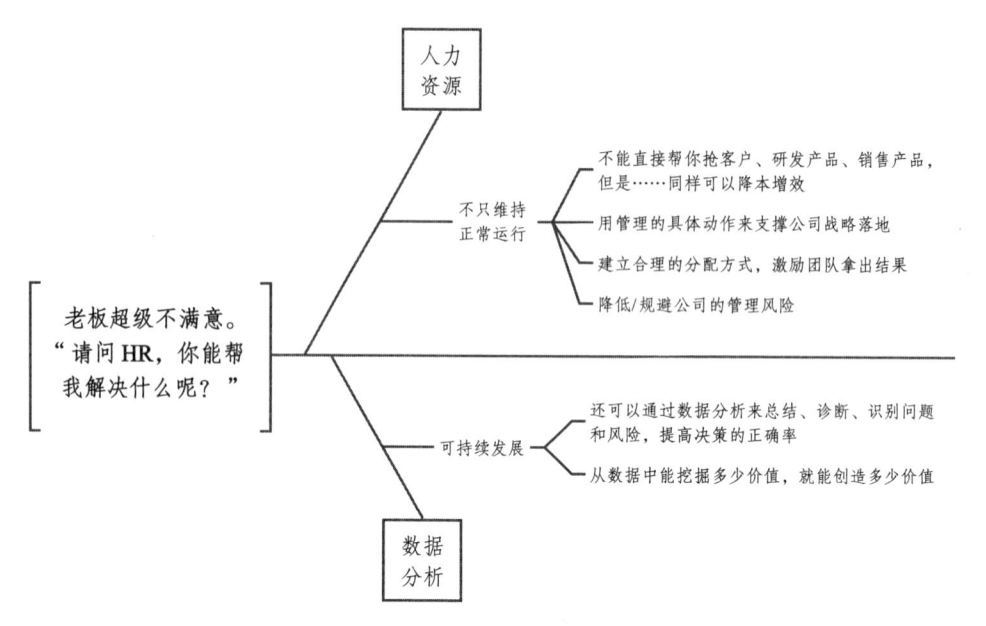

```
                              ┌─ 人力资源 ─┐
                              │           │
                              │    ┌─ 不只维持正常运行 ─── 不能直接帮你抢客户、研发产品、销售产品，
                              │    │                      但是……同样可以降本增效
[老板超级不满意。              │    │                    ─ 用管理的具体动作来支撑公司战略落地
 "请问HR，你能帮  ]────────────┤    │                    ─ 建立合理的分配方式，激励团队拿出结果
 我解决什么呢？"               │    │                    ─ 降低/规避公司的管理风险
                              │    │
                              │    └─ 可持续发展 ─────── 还可以通过数据分析来总结、诊断、识别问题
                              │                          和风险，提高决策的正确率
                              │                        ─ 从数据中能挖掘多少价值，就能创造多少价值
                              └─ 数据分析 ─┘
```

图 10-14　HR 用数据分析作为抓手开展工作

本章小结

可视化的目的，不是为了炫酷而炫酷，也不是为了可视化而可视化，而是为了降低受众的理解成本。

盲目追求数据展示的全面性会导致"答非所问""没有重点"。因此，并不是所有的数据都有必要可视化。实践中，有价值的信息才值得可视化。

数据分析就是为特定的受众解决特定的问题。

先给出结果，再剖析原因，"以终为始"，更精准地可视化。

数据分析可视化需要关注"用户是谁"。

数据分析可视化不只完成了信息的传递，还会"引导情绪"。

用数据驱动决策，进而降低试错成本，真正实现帮助企业降低管理风险。

后　记

感谢您结束了这段阅读之旅。希望您能从中有所收获，并已开始将所学知识应用到工作中，看到了积极的变化。

在这本书中分享的内容，是在日常工作中总结提炼的。这些章节涵盖了人力资源数据分析的各个方面，希望能为大家提供一些启发和参考。它们是对人力资源管理工作的所思所感，也是这一路走来，许多优秀前辈、朋友、老师和书籍给予慷概指导的总结。

如果您觉得这些内容对您有所帮助，请将它们推荐给需要的人。

需要说明的是，人力资源管理本身是一个广泛而深入的领域。无论是在广度上还是在深度上，都有许多值得进一步研究的内容。由于笔者研究的深度有限，这本书难免存在不足之处，敬请批评指正。

在这本书的结尾，我想借此机会感谢对我人生至关重要的人。

我衷心感谢职场中的领导和同事们，他们的持续支持和鼓励，极大丰富了我的职业生涯。同时，也要感谢秋叶家和中国法制出版社的老师们，使我的第一本书得以出版。

我还要感谢那些给予我指导和引领的导师们。无论是从理工科专业到专业人力资源，还是从外观世界到内观自己，基于优势发展，这一路步履不停，升维迭代，有许多优秀的老师给予了我无私的帮助和鼓励，他们是我奔赴梦想的重要支柱。

我要感谢我的家人们，给予我无条件的爱与支持，他们是我最坚强的后盾，是我生活中最重要的支持者。

最后，感谢我的朋友和读者们，宝贵的信任、一直以来的鼓励，时刻激励着我，让我有信心将这本书与大家分享。

因上努力，果上随缘，祝愿每个人都能够活出自己想要的样子。

图书在版编目（CIP）数据

人力资源管理数字化转型：HR用数据分析破局 / 秋云著. -- 北京：中国法制出版社，2025.2
ISBN 978-7-5216-4201-8

Ⅰ. ①人… Ⅱ. ①秋… Ⅲ. ①人力资源管理—数据处理 Ⅳ. ①F243

中国国家版本馆CIP数据核字(2024)第034818号

策划编辑：王妤娇
责任编辑：马春芳　　　　　　　　　　　　　　封面设计：李　宁

人力资源管理数字化转型：HR用数据分析破局
RENLI ZIYUAN GUANLI SHUZIHUA ZHUANXING: HR YONG SHUJU FENXI POJU

著者/秋云
经销/新华书店
印刷/三河市国英印务有限公司
开本/710毫米×1000毫米　16开　　　　　印张/14.25　字数/201千
版次/2025年2月第1版　　　　　　　　　　2025年2月第1次印刷

中国法制出版社出版
书号 ISBN 978-7-5216-4201-8　　　　　　　定价：58.00元

北京市西城区西便门西里甲16号西便门办公区
邮政编码：100053　　　　　　　　　　　　传真：010-63141600
网址：http://www.zgfzs.com　　　　　　　编辑部电话：010-63141815
市场营销部电话：010-63141612　　　　　　印务部电话：010-63141606
（如有印装质量问题，请与本社印务部联系。）